学ぶ人は、変えてゆく人だ。

目の前にある問題はもちろん、

いや、

自ら見つけ、

、人は学ぶ。

学び」で、

少しずつ世界は変えてゆける。

いつでも、どこでも、誰でも、

学ぶことができる世の中へ。

旺文社

武田塾 合格逆転
一冊逆転プロジェクト

現代文
文章の流れがわかる
読解トレーニング

READING COMPREHENSION EXERCISES

学びエイド講師
野口浩志 著

武田塾教務部長
中森泰樹 監修

旺文社

現代文の勉強法5か条

1　正しい読み方と正しい解き方を身につけよう

現代文の勉強は「読解」とひとまとめに説明されがちですが、「読む力」と「解く力」をそれぞれ鍛える必要があります。

今の自分が鍛えたいのがどちらなのかをしっかり把握し、弱い部分を強化していきましょう。

2　毎日継続的にいろいろな問題を解いていこう

現代文は暗記で乗り切れる科目ではなく、急激に成績を上げるのがむずかしい科目です。

考え方、読み方、解き方を日々実践し、現代文にどう向き合うかということに慣れていくことが必要です。

現代文は一日にしてならず、定期的に問題を解き習慣化していきましょう。

3　初見の点数にこだわらず、最終的にどこまで身についたかを意識しよう

文章の読解問題は、初見の点数よりも復習でどこまで仕上がったかが非常に重要です。

答えが当たるかだけではなく、答えにたどり着くためにどのように読んで、どのように解いていくのかをしっかり自分の言葉で説明できるように仕上げていきましょう。

4　解説を読んでもわからない人に説明するつもりで復習しよう

読解問題の復習の際に、解答・解説を読んでわかったつもりになって、いざ説明をしてみようとするとうまく説明ができないということは非常に多いです。

解答・解説を読んだだけで終わりにはせず、解説を読んでもわからなかった人にも説明ができるようにするつもりで、自分の言葉で説明できるように意識してください。

5　漢字や語句の意味を正しく覚えよう

漢字や語句について、なんとなくは知っていても正しく意味を答えられないことは非常に多いです。

知識は正確かつ素早く出せて初めて使えるものとなります。うろ覚えには絶対にせず、しっかり定着させてください。

武田塾　教務部長　中森泰樹

本書籍のおススメポイントをもっと知りたい人はこちら!

はじめに

「先輩、私も先輩と同じ◯◯高校を目指しているんですけど、国語（現代文）の読解問題が苦手なんです。どういう勉強をすれば実力がつきますか？　何かアドバイスをお願いします！」

あなたが中学校の後輩にこのような質問をされたとします。

どうでしょう、みなさん？

がんばっている後輩に対してどのような回答をしてあげますか？

多くの人は回答に困ったあげく、

「過去問をひたすら解けばなんとかなる！」

「現代文はセンスやフィーリングだから、それにしたがって解けばいいんだよ」

「とりあえず何か書いて、解答欄を埋めることが大事」

などと言ってしまうのではないでしょうか。

でも、これらの回答には当然ながら次のような疑問がつきまといます。

「過去問をひたすら解けばなんとかなる！」⬇ただ解くだけで本当に実力がつくの？

「現代文はセンスやフィーリングだから、それにしたがって解けばいいんだよ」⬇感覚で処理するだけで考えなくても大丈夫なの？？

「とりあえず何か書いて、解答欄を埋めることが大事」⬇何でもいいから解答欄を埋めるだけでいいの？？？

……。

残念ながら、どれも的を射た回答にはなっていません。だいたい、現代文がこんないいかげんな科目なのであれば、わざわざ学校で教える必要もなく、入試科目にする必要もないでしょう。

当然ながら、現代文はそんな科目ではありません。

＊

では、現代文はどういう科目なのでしょうか?

もちろん、これにはいろいろな考え方があると思います。一つに定義することなど到底無理な話でしょう。

だからといって、何の定義もしないままでは、学習の方針を立てることができません。やはり何らかの定義をしておく必要があります。

そこで、東京大学の見解を参考にしてみましょう。

東京大学は「高等学校段階までの学習で身につけてほしいこと」として、国語については以下のことを挙げています。

❶ 文章を筋道立てて読みとる読解力
❷ それを正しく明確な日本語によって表す表現力

この二つです。実にシンプルな要求です。もちろん、「❷それを正しく明確な日本語によって表す表現力」は「❶文章を筋道立てて読みとる読解力」があってこそ達成できることなので、❶が基本中の基本にあたると考えてよいと思います。

つまり、**目の前の文章を筋道立てて正確に理解する力を養うのが国語（現代文）という科目である**ということです。

私もこの点こそが現代文学習の原点だと考えています。見ず知らずのまったくの他者が書いた文章を読んで、その人が伝えようとしたことを正確につかめるか。この力はきわめて重要で、入試に限らず、大学に入って学問研究をするとき、その後、社会人となって仕事をするときに必要不可欠の力なのです。

ところが、です。

「文章を筋道立てて正確に理解する」はそんなに簡単にできることではありません。きちんとしたトレーニングを日々積み重ねないとなかなか身につかない力です。

そもそも現代文の入試問題における「設問」は、受験生が目の前の文章を正しく理解できているかどうかを試すために用意されたものです。設問を解かせるために設問があるのではありません。したがって、文章の正確な理解ができてはじめて、設問を解くという行為に移れるわけです。

でも、そのことを意識して勉強している人がどれだけいるでしょうか？　「正解は何か」ばかりを気にして、最も肝心な「読むこと」を疎《おろそ》かにしていませんか？

長年受験生を指導していると「選択肢の選び方を教えてください」「記述問題のコツはないですか」などと相談を受けることが多くあります。もちろん、文章を読む力がすでに高い水準まで到達していて、「最後の詰め」として聞いてくるのであれば別に問題はないのです。ところが、こういうことを言ってくる受験生の多くは文章を読む力が弱い。なんとなく重要そうなところだけを拾い読みしているだけで、文章の筋道も筆者の主張も把握できていません。それどころか、そもそも読むことから逃げていることも少なくありません。だから、何か「裏ワザ」的な解法を求めざるを得なくなるのです。

目の前の文章に真摯《しんし》に向き合おうとせず、楽な解法を使って結果だけを求めようとする。受験生だから要領よく結果を求めたいことは心情的に理解できますが、このような姿勢からは大学で学問研究をしようとする意志が残念ながら感じられません。また、当たり前のことですが、そんな「裏ワザ」の解法など社会人になってから何の役にも立ちません。

それなのに、このような本筋からズレた不毛な勉強をしている人がたくさんいるのが現状です。

一度、原点に帰りましょう。

くり返しますが、**見ず知らずのまったくの他者が書いた文章の筋道をたどりながら、その人が述べていることを理解する力を身につける**――これこそが現代文を学習する意義だと私は考えています。

そのためには、センスやフィーリング、裏ワザに頼った不毛な勉強から脱却し、「文章をきちんと読む」という原点に回帰する必要があります。こういう認識をもつだけでも、みなさんの現代文に対する認識はおのずと変化するはずです。

本書は、文章を筋道立てて正確に理解する練習を徹底して行うことを目的としています。その点で、他の現代文参考書とは一線を画すものだと思っています。

本書に採用した文章は、短いながらも筋道・論旨が明確である良質な文章ばかりなので、現代文が苦手な人でも安心して取り組めます。

現代文の勉強だけに限らず、あらゆる分野において〝基礎は大切だ〟と言われます。しかし、〝基礎＝簡単〟とは限りません。むしろ、発展的なことがらへ進むための土台となる理論や技術をきちんと理解し、それを身につけないといけないのですから、〝基礎＝難しい〟とさえ言えます。また、基礎の段階では地味に思えるトレーニングも多く、それを粘り強く行わないといけないという点でも困難を伴います。

しかし、このような過程を経て築いた基礎はまさに〝思考のための盤石《ばんじゃく》の土台〟であり、〝一生ものの学力〟となるはずです。

本書によって一生ものの学力を得られることを心から願っております。

学びエイド講師　野口浩志

中森教務部長と野口先生の対談動画を見たい人はこちら！

目次

スタッフ
編集協力：横浜編集事務所
そらみつ企画／福岡千穂／東京出版
サービスセンター（臼井亜希子）
装丁デザイン：金井久幸（Two Three）
シリーズロゴデザイン・装丁イラスト：Suneight
本文デザイン：大貫としみ（ME TIME LLC）

本書の特長と使い方

本書は、文章を筋道立てて正確に読む練習を行うことを目的としています。素材文は、筋道・論旨が明確で良質な文章を精選しました。短い文章からスタートして、読む練習ができるよう構成していますので、現代文が苦手な人でも一から無理なく、読む力を身につけられます。

本書は、4つの章で構成されています。

まず、**第1章**で、文章を筋道立てて読むとはどういうことか、その際の着眼点を確認します。**第2章**では、文章を筋道立てて読むために必要な、対立関係やイコール関係などの**「理論」**を、10回に分けて解説します。**第3章**では、「理論」を使いこなす練習を行います。文章を理解できたかチェックする**確認問題**も掲載しました。**第4章**には、入試問題を収録していますので、本書の仕上げとして取り組んでみてください。

また、**第2・3章**には**講義動画**をつけました。わかりやすい講義を見てさらに理解を深めましょう。

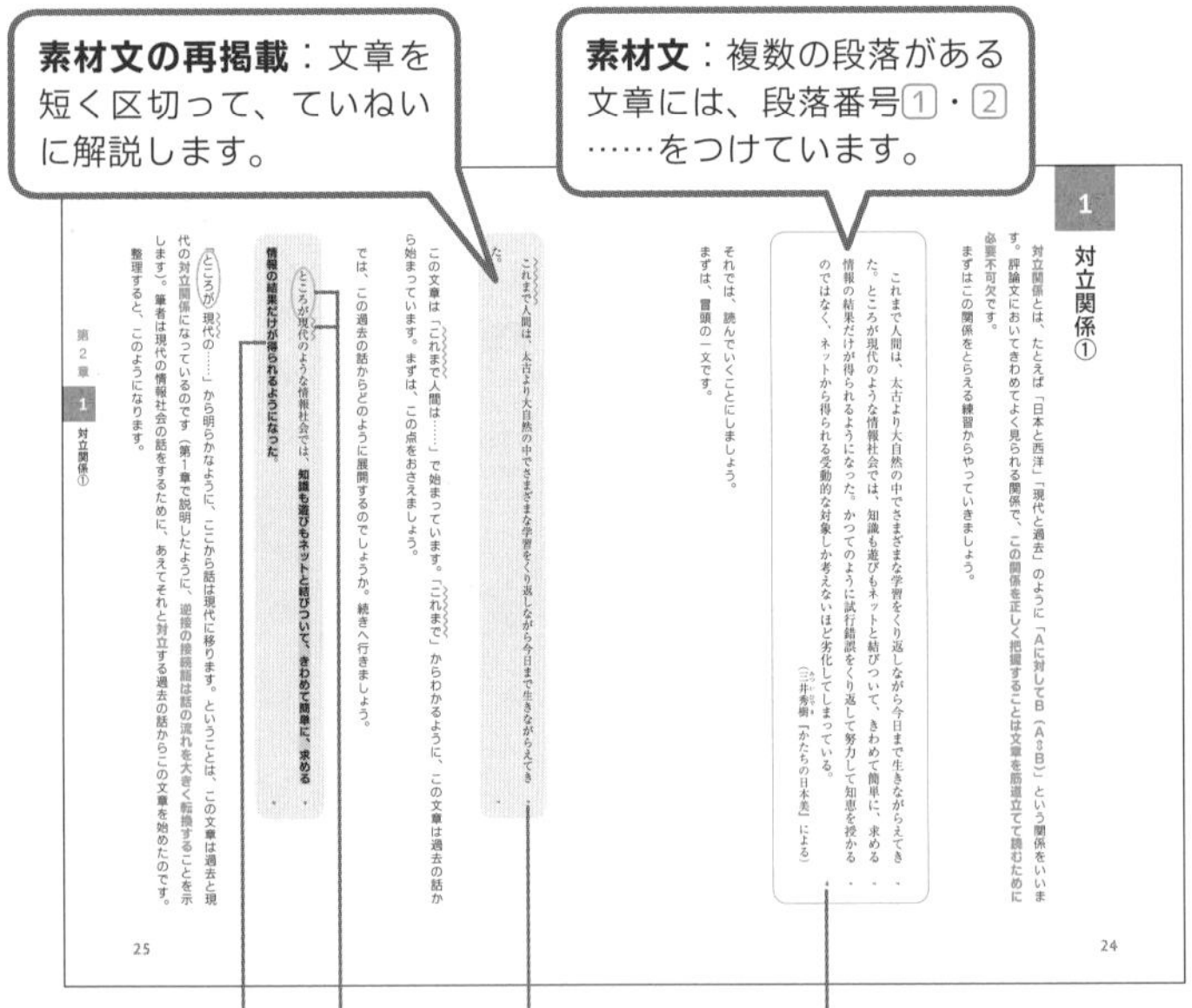

- 接続語に、〇をつけています。
- キーワード等の重要箇所に〰をつけています。
- 着目すべき文を、**マーカー**で見やすく表示しました。

理論のポイント：第２章では、1～10の理論を読み取るポイントをまとめました。

論理の整理：文章の論理の流れを簡潔に図示して整理します。⇔対立関係、＝イコール関係等を用いて示しています。

講義動画：第２章1～10と第３章の最後に、講義動画を用意しました。QR コードをスマートフォンで読み取ってアクセスしましょう。（詳しくは「動画について」12 ページ参照）
講義動画では、本書とは異なる文章を用いて解説しています。

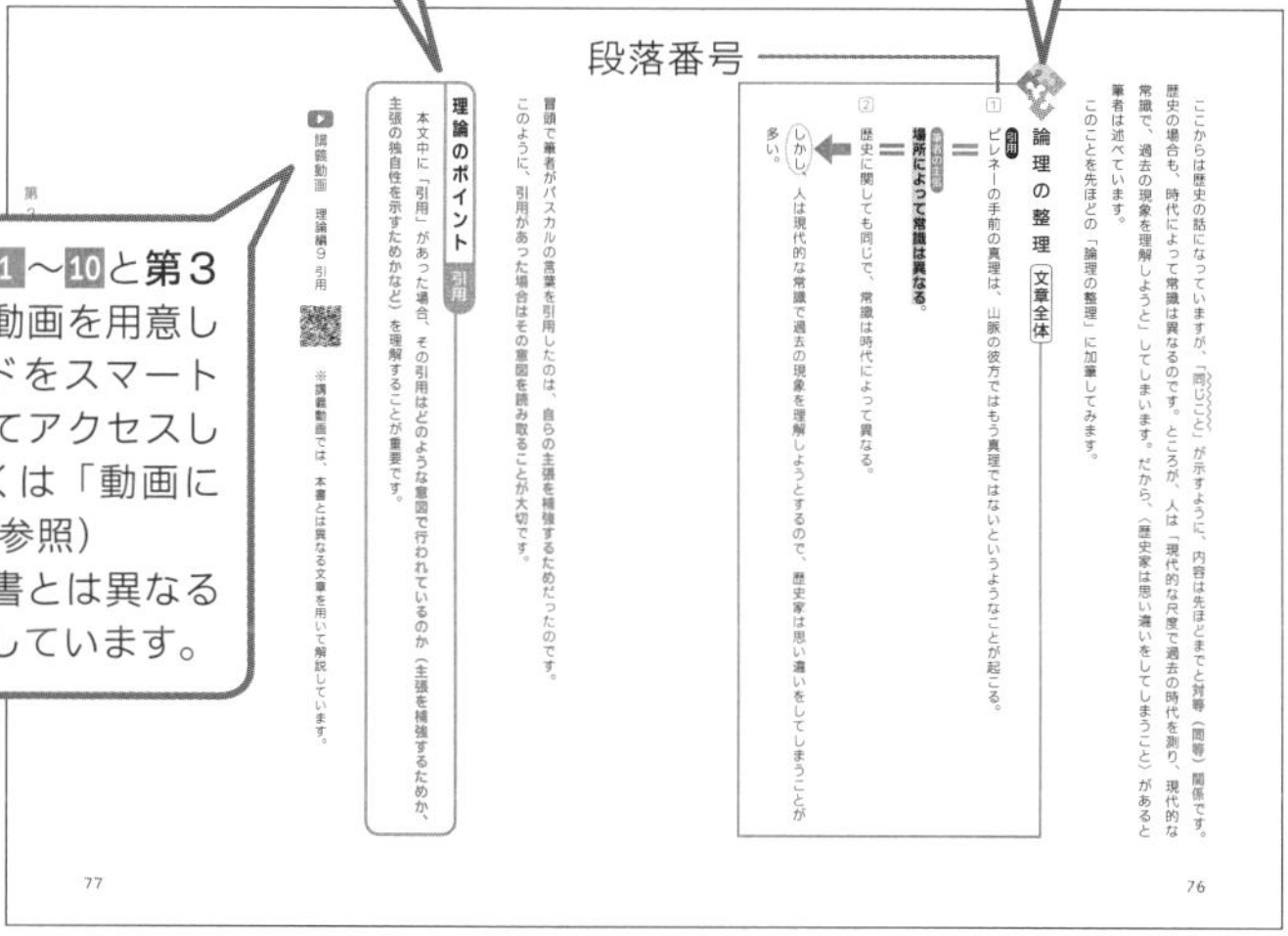

確認問題：第３章には、確認問題を掲載しています。文章をしっかり読んでから取り組みましょう。

着目：文章を読む際に、着目して読み取るべき点を示しています。

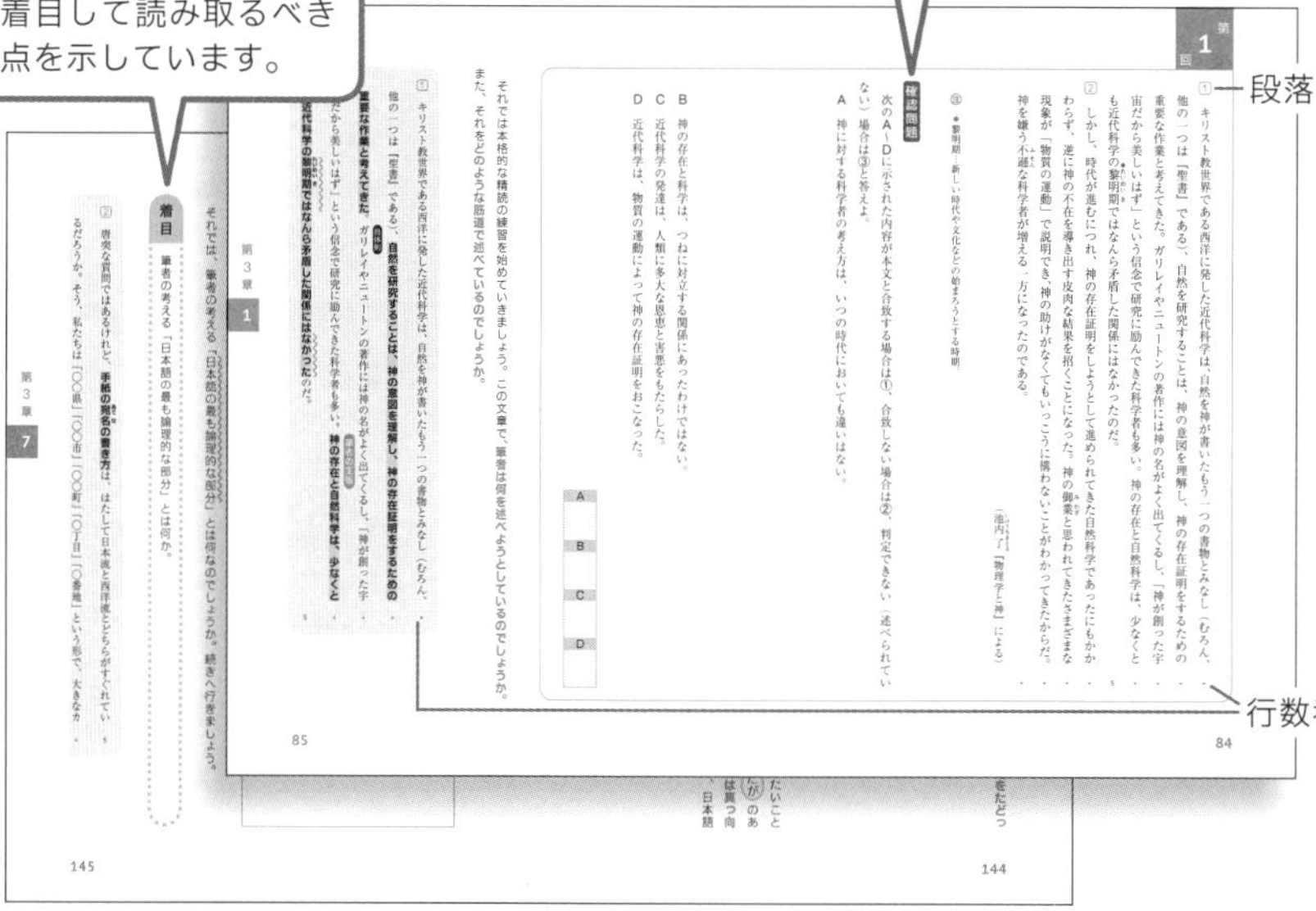

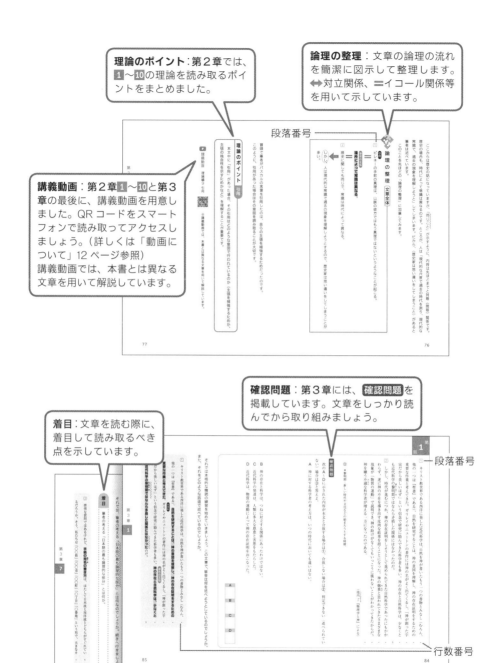

動画について

本書では、著者の野口浩志先生の講義動画を視聴することができます。以下の手順に沿って、動画にアクセスしてください。

QRコードから　各項目の講義動画へ

視聴したい動画タイトルの下のQRコードを読み取る

↓

シリアル番号「**483762**」を入力する

↓

該当の講義動画を視聴することができます。

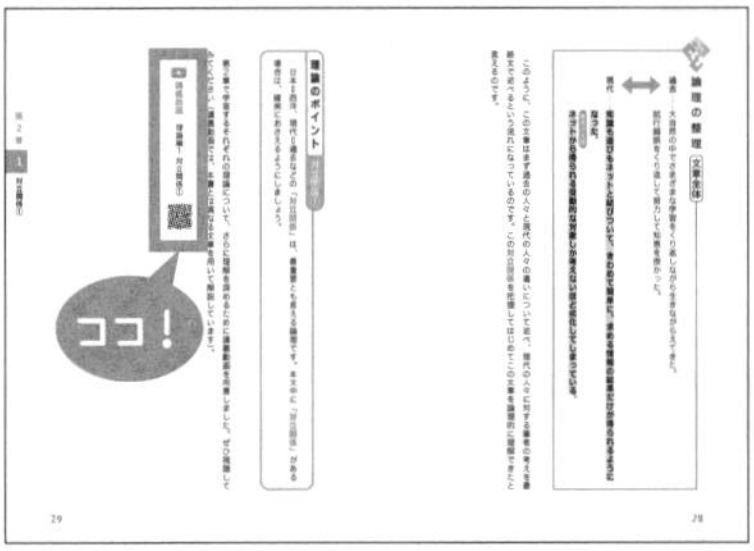

ブラウザから　講義動画一覧へ

下のQRコードを読み取るか、アドレスを入力する

https://www.manabi-aid.jp/service/gyakuten

↓

「動画を見る」をクリック

↓

シリアル番号「**483762**」を入力する

↓

講義動画一覧が表示されるので、視聴したい動画をクリックしてください。

推奨環境

- PC環境
  OS：Windows10 以降 あるいは macOS Sierra 以降
  Web ブラウザ：Chrome / Edge / Firefox / Safari
- スマートフォン / タブレット環境
  iPhone / iPad iOS12 以降の Safari / Chrome
  Android 6 以降の Chrome

第1章 文章を筋道立てて読むとはどういうことか

「はじめに」で〈文章を筋道立てて読んで、筆者の言いたいことを理解することが現代文学習の原点である〉と述べました。

では、「**文章を筋道立てて読む**」とは具体的にどういうことなのでしょうか?

第1章では、実際の大学入試で出題された文章の一部を取り上げて、それを**精読**(=内容をよく理解できるように、細かいところまでていねいに読むこと)してみたいと思います。

「科学的」である知識とそうでないことがらの境界は厳密に設定できるのであろうか？　この問題に厳密な答えを提供するのは実はたいへんむずかしい。漠然たる幅広い境界線を引くことならできそうである。たとえば、数学を用いた学問には「科学的」という形容詞を付けることを認め、簡単に反論が提出されてしまうであろうような、たんに表面上もっともらしいだけの＊蓋然的《がいぜんてき》言説にはそのような形容詞を付すことをやめることによってである。が、どのような知識をいの一番に「科学的」であるはずの数学的学科に入れるかについての規準も歴史的に変異があり、厳密には確定できない。古代ギリシャ人の大方は、論証を伴った幾何学《きかがく》の体系は数学的学科に喜んで参入させたが、たんなる計算術を数学的学科の中に含めることには抵抗を示した。近代人はそうではなく、計算技法をも数学的学科に数え入れるであろう。このように、数学的学科がなんであるのかを確定するのさえ、それほど容易ではない。まして「科学的」なことがらを定義するのはもっと困難であろう。

（佐《さ》々《さ》木《き》力《ちから》『科学論入門』による。一部省略）

㊟　＊蓋然的…ある程度確かであるさま。

まずは、冒頭部分を見てみましょう。

筆者の主張

「科学的」である知識とそうでないことがらの境界は厳密に設定できるのであろうか？

この問題に厳密な答えを提供するのは実はたいへんむずかしい。

「科学的」である知識とそうでないことがらの厳密な境界設定は可能か――この文章は**問題提起**から始まっています。どうやらこれがこの文章の**テーマ（論点）**のようです。

そして、その**問題提起**に対して筆者は〈厳密な答えを提供するのはむずかしい〉と直後で自らの考えを述べています。ここまではじつにわかりやすい流れです。

しかし、それはなぜなのでしょうか。その**理由**が示されていません。ということは、**これ以降の文章からその理由を読み取る必要がある**ということになります。

さらに、「厳密な答えを提供するのは実はたいへんむずかしい」とあることに注意です。「厳密な答えを提供するのは」ということは、〈厳密な答えを提供することはできないが、そうでない答えなら提供することができる〉ことを示唆《しさ》する（＝それとなく示す）言い方になっているからです。この点にも注意が必要です。

したがって、これ以降の文章は次の二点を意識して読んでいくことになります。

着目

❶ なぜ厳密な答えは提供できないのか。
❷ 〈厳密な答えを提供するのはむずかしい〉とあることから考えて、厳密ではない答えなら提供できるのか。

それでは続きの文章へ行きましょう。

漠然たる幅広い境界線を引くことならできそうである。具体例 たとえば、数学を用いた学問には「科学的」という形容詞を付けることを認め、簡単に反論が提出されてしまうであろうような、たんに表面上もっともらしいだけの蓋然的《がいぜんてき》言説にはそのような形容詞を付すことをやめることによってである。

筆者は〈「科学的」知識とそうでないことがらの漠然たる境界線を引くことならできる〉と述べています。やはり〈厳密な境界線を引くことはむずかしいが、漠然とした境界線なら提供できる〉と筆者は考えているわけです。これで「❷厳密ではない答えなら提供できるのか」に対する筆者の考えが明らかになりました。そして、その漠然とした境界の設定方法はたとえば以下で具体的に述べられています。

これまでの部分を整理してみましょう。

論理の整理 1

「科学的」である知識とそうでないことがらの厳密な境界設定はたいへんむずかしい。

※理由はまだわからない

↕

「科学的」である知識とそうでないことがらの漠然とした境界設定はできる。

例 数学を用いたもの……「科学的」であるとする。

表面上もっともらしいだけのもの……「科学的」ではないとする。

しかし、まだ「❶なぜ厳密な答えは提供できないのか」の説明がなされていません。そのため、これ以降の文章で読み取るべきことはこの一点に絞られます。

それでは続きへ行きましょう。

が、**どのような知識をいの一番に「科学的」であるはずの数学的学科に入れるかについての規準も歴史的に変異があり、厳密には確定できない。**具体例 古代ギリシャ人の大方は、論証を伴った幾何学《きかがく》の体系は数学的学科に喜んで参入させたが、たんなる計算術を数学的学科の中に含めることには抵抗を示した。近代人はそうではなく、計算技法をも数学的学科に数え入れるであろう。このように、数学的学科がなんであるのかを確定するのさえ、それほど容易ではない。まして(＝言うまでもなく)**「科学的」なことがらを定義するのはもっと困難**であろう。

がは逆接の接続語です。このがで流れは大きく転換します。**逆接の接続語は話の流れを大きく転換することを示す言葉**なので、文中にある場合は必ずおさえないといけません。

先ほどのところで見たように、〈数学を用いたものを「科学的」であるとする／表面上もっともらしいだけのものは「科学的」ではないとする〉とすることでたしかに漠然とした境界設定はできます。

ところが、どのような知識を「数学的学科」に入れるかは歴史的に変異があり、確定することがむずかしいのです。〈古代ギリシャ人は……。近代人は……〉はその**具体例**です。

それでは、この部分を整理してみましょう。

論理の整理 2

どのような知識を「数学的学科」に入れるのかは歴史的に変異があり厳密に確定できない。

例 古代ギリシャ人……幾何学は数学としたが、計算術を数学とすることには抵抗した。

↔ 近代人……計算技法も数学に数え入れた。

このように、そもそも数学とは何かの定義は歴史的に異なるわけです（「このように」はそれまでの内容をまとめる働きをする言葉です）。数学の厳密な定義がむずかしいのであれば、当然の流れとして、科学の定義はさらに困難になるわけです。だからこそ、筆者は冒頭で〈厳密な境界設定はむずかしい〉と述べたのです。

それでは、次のページで、全体の流れを整理してみましょう。

論理の整理　文章全体

筆者の主張
「科学的」である知識とそうでないことがらの厳密な境界設定はたいへんむずかしい。

↕

「科学的」である知識とそうでないことがらの漠然とした境界設定はできる。

例　数学を用いたもの……「科学的」であるとする。
表面上もっともらしいだけのもの……「科学的」ではないとする。

↓

が、どのような知識を「数学的学科」に入れるのかは歴史的に変異があり厳密に確定できない。

例　古代ギリシャ人……幾何学は数学としたが、計算術を数学とすることには抵抗した。
↕
近代人……計算技法も数学に数え入れた。

↓

このように、数学的学科の確定さえむずかしいのだから、**何が「科学的」であるかを確定させるのはもっと困難**である。

これがこの文章全体の論理の流れです。

このように、文章を読むということは、単に書いてある文字を表面的に追ったり、フィーリングにしたがってなんとなく重要そうなところだけを拾い読みしたりするのではなく、

❶ 何について
❷ どのような筋道で（どのような論理を用いて）
❸ どのような主張をしているか

を正しくつかむことなのです。

＊

第2章では短くて読みやすい文章を用いて、**文章を筋道立てて正確に読むために最低限身につけておくべきこと**を10回に分けて学習していくことにします。

第2章 文章を筋道立てて読む（理論編）

第1章は「**文章を筋道立てて読む（精読する）**」とはどういうことかについて説明しました。

第2章では、**文章を筋道立てて読むために最低限習得すべき理論**を10回に分けて説明します。

入試で出題される文章は、ただ読むだけで理解できるほど簡単ではないものがほとんどです。正しく内容を理解するには、**読むための理論**の習得が必要です。

この章では、その**理論**を一つずつしっかりと理解していきましょう。

対立関係①

対立関係とは、たとえば「日本と西洋」「現代と過去」のように「**Aに対してB（A⇕B）**」という関係をいいます。評論文においてきわめてよく見られる関係で、**この関係を正しく把握することは文章を筋道立てて読むために必要不可欠**です。

まずはこの関係をとらえる練習からやっていきましょう。

これまで人間は、太古より大自然の中でさまざまな学習をくり返しながら今日まで生きながらえてきた。ところが現代のような情報社会では、知識も遊びもネットと結びついて、きわめて簡単に、求める情報の結果だけが得られるようになった。かつてのように試行錯誤をくり返して努力して知恵を授かるのではなく、ネットから得られる受動的な対象しか考えないほど劣化してしまっている。

（三井《みつい》秀樹《ひでき》『かたちの日本美』による）

4

それでは、読んでいくことにしましょう。
まずは、冒頭の一文です。

これまで人間は、太古より大自然の中でさまざまな学習をくり返しながら今日まで生きながらえてきた。

この文章は「これまで人間は……」で始まっています。「これまで」からわかるように、この文章は過去の話から始まっています。まずは、この点をおさえましょう。

では、この過去の話からどのように展開するのでしょうか。続きへ行きましょう。

ところが現代のような情報社会では、**知識も遊びもネットと結びついて、きわめて簡単に、求める情報の結果だけが得られるようになった**。

「ところが現代の……」から明らかなように、ここから話は現代に移ります。ということは、この文章は過去と現代の**対立関係**になっているのです（第1章で説明したように、**逆接の接続語は話の流れを大きく転換する**ことを示します）。筆者は現代の情報社会の話をするために、あえてそれと**対立**する過去の話からこの文章を始めたのです。

整理すると、このようになります。

論理の整理 1

過去……大自然の中でさまざまな学習をくり返しながら生きながらえてきた。

現代……**知識も遊びもネットと結びついて、きわめて簡単に、求める情報の結果だけが得られるようになった。**

では、筆者はこの**対立関係**を説明することによって何を主張したいのでしょうか。次の文にそれが示されています。

> かつてのように試行錯誤をくり返して努力して知恵を授かる ● のではなく、筆者の主張 **ネットから得られる受動的な対象しか考えないほど劣化してしまっている**。 4

「かつてのように……ではなく」からわかるように、ここにも過去と現代の**対立関係**があります。整理してみましょう。

論理の整理 2

過去……試行錯誤をくり返して努力して知恵を授かった。

⟷

現代……**ネットから得られる受動的な対象しか考えないほど劣化してしまっている**。（筆者の主張）

「**劣化してしまっている**」に注目しましょう。この言葉から、筆者は現代のこの状況を否定的に考えていることがわかります。

先ほどの「論理の整理」にこのことを加筆してみましょう。

論理の整理 文章全体

過去……大自然の中でさまざまな学習をくり返しながら生きながらえてきた。試行錯誤をくり返して努力して知恵を授かった。

⟷

現代……**知識も遊びもネットと結びついて、きわめて簡単に、求める情報の結果だけが得られるようになった。**

筆者の主張 **ネットから得られる受動的な対象しか考えないほど劣化してしまっている。**

このように、この文章はまず過去の人々と現代の人々の違いについて述べ、現代の人々に対する筆者の考えを最終文で述べるという流れになっているのです。この**対立関係**を把握してはじめてこの文章を論理的に理解できたと言えるのです。

理論のポイント　対立関係①

日本⇔西洋、現代⇔過去などの「**対立関係**」は、最重要とも言える論理です。本文中に「**対立関係**」がある場合は、確実におさえるようにしましょう。

第2章で学習するそれぞれの理論について、さらに理解を深めるために講義動画を用意しました。ぜひ視聴してみてください（講義動画では、本書とは異なる文章を用いて解説しています）。

▶ 講義動画　理論編1　対立関係①

対立関係② 「一般論」と「筆者の主張」

今回も前回に引き続き、**対立関係**を含んだ文章を読んでいくことにします。今回の**対立関係**は、**一般論**と**筆者の主張**の対立です。

一般論とは、本書では「世間一般に広まっている考え方（むずかしく言うと「人口《じんこう》に膾炙《かいしゃ》している考え方」）」を指します。筆者は、本文中にあえて**一般論**を挙げてくることがあります。

では、どうしてそんなことをするのでしょうか？

それは、その**一般論を否定し、自らの主張を行いたいという理由**からであることが多いのです。

つまり、「世間一般では……だと考えられているが、私は……だと思う」という**対立関係**です。

今回はそんな文章を読んでいくことにします。

どのようなアートでも、作品を残すことが最低条件であり、そのためには身体を用いた表現が必要となる。美術家の創造性の背景には、豊かな発想（イメージ）や応用力があると思われがちだが、それ以前に「基礎・基本」を身につけることの前提がある。「まなぶ」の語源が「まねぶ（まねる）」にあると言われるが、訓練を積んだ熟練した画家でも、本格的に絵画を学び始めた頃は、まねることから技術の習得を始めたはずだ。模倣《もほう》は学習のための重要な手段であり、スペシャリストになるための出発点でもある。

（川畑《かわばた》秀明《ひであき》『脳は美をどう感じるか』による）

まずは前半部から見ていきます。

どのようなアートでも、作品を残すことが最低条件であり、そのためには身体を用いた表現が必要となる。美術家の創造性の背景には、豊かな発想（イメージ）や応用力があると思われがちだが、**それ以前に「基礎・基本」を身につけることの前提がある**。

筆者の主張

今回はアート（美術・芸術）についての文章です。

今回の文章の流れをつかむうえでまず注目すべきは「……と思われがちだ」の部分です。これは〈世間一般では……のように考えられている〉という意味で、いわゆる**一般論**であることを示しています。

では、筆者はこの**一般論**に対してどのような考えをもっているのでしょうか。

がに注目しましょう。これは前後が**逆接関係**であることを示しています。ということは、これ以降で筆者は先ほどの**一般論と対立する考えを述べている**ことになります。

この部分を整理してみましょう。

論理の整理

一般論
美術家の創造性の背景には、豊かな発想（イメージ）や応用力があると思われがちだ。

筆者の主張
それ以前に「基礎・基本」を身につけることの前提がある。

このように、**逆接**を示す「が」の前後で**「一般論」と「筆者の主張」が対立的に述べられています。**今回の文章はこういう**対立関係**が含まれているのです。まずはこれをおさえます。

では〈アートにはまず「基礎・基本」を身につけることが必要だ〉という筆者の主張から、どのように話が展開されるのでしょうか。後半部に移りましょう。

「まなぶ」の語源が「まねぶ（まねる）」にあると言われるが、訓練を積んだ熟練した画家でも、本格的に絵画を学び始めた頃は、**まねることから技術の習得を始めた**はずだ。**模倣《もほう》は学習のための重要な手段**であり、スペシャリストになるための出発点でもある。

ここで述べられているのは〈まねること（模倣）は技術習得の重要な手段である〉ということです。つまり、筆者は〈「基礎・基本」を身につけるには、まずまねること（模倣）から始めるべきである〉と考えているのです。

このことを「論理の整理」に加筆してみましょう。

論理の整理　文章全体

一般論

美術家の創造性の背景には、豊かな発想（イメージ）や応用力があると思われがちだ。

筆者の主張

それ以前に「基礎・基本」を身につけることの前提がある。

まねること（模倣）は技術習得の重要な手段である。

このように、アート（美術・芸術）には豊かな発想（イメージ）や応用力が大切だとする**一般論**に対して、〈まずまねること（模倣）によって「基礎・基本」を身につけることが大切である〉と**筆者は主張**しているのです。

理論のポイント　対立関係②

一般論（＝人口《じんこう》に膾炙《かいしゃ》している考え方）を否定して、筆者が自らの主張を述べる「**一般論⇕筆者の主張**」という対立関係は評論文ではよく用いられます。必ずおさえるようにしましょう。

講義動画　理論編2　対立関係②

※講義動画では、本書とは異なる文章を用いて解説しています。

3

対立関係③　譲歩

引き続き、**対立関係**を含む文章を読んでいきます。

今回の**対立関係**は「**譲歩**」です。

「**譲歩**」とは、たとえば以下のような流れです。

> 例　もちろん、君の考えにも一理ある。しかし、今回はそれを認めるわけにはいかない。

この文章は、もちろんの直後でいったんは相手の主張を認めながらも（これを**譲歩**といいます）、**逆接**のしかしでこれをひっくり返して、自らの主張を行うという展開になっています。

今回は、この**譲歩**の流れを含んだ文章を読んでいくことにします。

1　近年、「グローバル化」という言葉が合言葉のようにいろいろな場面で聞こえます。「全地球的標準化」という意味にとらえると、これはまさに一様化することです。・

2　もちろん現代人は広い世界を知らない「井の中の蛙《かわず》」ではいられません。日本とは異なるさまざまな・

国の人、社会、歴史、地理、文化等を知ることは大変重要です。さらに、世界レベルで活躍することも必要でしょう。

③ しかし、何もかも多様な国々を同じ規格にしてしまうと、季節のない1年のような、変化のない単調な世界になってしまいます。また、個々の多様性を排除して、皆が同じ思想や体制となることは危険なことだと思います。地域の特色や歴史を捨てて、形だけグローバル化することは望ましくないでしょう。

（下村《しもむら》裕《ゆたか》『卵が飛ぶまで考える』による）

それでは、第①段落から見ていきます。

① 近年、「**グローバル化**」という言葉が合言葉のようにいろいろな場面で聞こえます。「全地球的標準化」という意味にとらえると、これはまさに**一様化**することです。

グローバル化についての文章です。筆者は〈「グローバル化」とは「一様化」である〉と述べています。では、筆者はこのグローバル化（一様化）についてどのような考えをもっているのでしょうか。続きへ行きましょう。

2 もちろん現代人は広い世界を知らない「井の中の蛙《かわず》」ではいられません。日本とは異なるさまざまな国の人、社会、歴史、地理、文化等を知ることは大変重要です。さらに、世界レベルで活躍することも必要でしょう。

3 しかし、何もかも多様な国々を同じ規格にしてしまうと、季節のない1年のような、変化のない単調な世界になってしまいます。また、個々の多様性を排除して、皆が同じ思想や体制となることは危険なことだと思います。筆者の主張 **地域の特色や歴史を捨てて、形だけグローバル化することは望ましくないでしょう。**

第2段落冒頭の もちろん に注目しましょう。これは「言うまでもなく」という意味です。ということは、筆者はその直後にある「現代人は広い世界を知らない『井の中の蛙』ではいられません」を当然のことだと考えているのです。また、その次にある「日本とは異なるさまざまな国の人、社会、歴史、地理、文化等を知ること」、さらに「世界レベルで活躍すること」の必要性も筆者は認めているのです（さらに は**添加**《てんか》・**累加**《るいか》を示す接続語です）。

第3段落の冒頭にある しかし に注目しましょう。しかし は**逆接**の接続語です。ということは、筆者は**第2段落で述べたことがらを当然のこととして認めながらも、それに対立するような主張を展開しようとしている**のです。つまり、筆者が本当に主張したいのは しかし 以下の部分「何もかも多様な国々を同じ規格にしてしまうと、季節のない1年のような、変化のない単調な世界になってしまいます。また、個々の多様性を排除して、皆が同じ思想や体制となることは危険なことだ」なのです（また は**並列**を示す接続語です）。

そして、それを受けて、筆者は最後に「地域の特色や歴史を捨てて、形だけグローバル化することは望ましくない」と述べています。

整理してみましょう。

論理の整理 文章全体

1 近年、「グローバル化」という言葉がいろいろな場面で聞かれる。「全地球的標準化」という意味にとらえると、これはまさに一様化することだ。

譲歩

2 もちろん 現代人は広い世界を知らない「井の中の蛙」ではいられない。日本とは異なるさまざまな国の人、社会、歴史、地理、文化等を知ることは大変重要だ。さらに、世界レベルで活躍することも必要だ。

3 しかし、何もかも多様な国々を同じ規格にしてしまうと、季節のない1年のような、変化のない単調な世界になってしまう。また、個々の多様性を排除して、皆が同じ思想や体制となることは危険なことだ。

筆者の主張

地域の特色や歴史を捨てて、形だけグローバル化することは望ましくない。

このように、今回の文章は**もちろん**でいったんは**譲歩**しながらも、**しかし**以降で**筆者が本当に言いたかったことを述べる**という展開なのです。

理論のポイント 対立関係③

「**たしかにAには一理ある。しかし、私はBだと考える。**」は「**譲歩**」の流れです。筆者はAを認めながらも、**本当に主張したいのは、逆接のあとにきているB**だという流れです。

▶ 講義動画　理論編3 対立関係③

※講義動画では、本書とは異なる文章を用いて解説しています。

4

イコール関係① 言い換え関係

これまでは**対立関係（A⇔B）**を含む文章を扱ってきました。今回からは「**イコール関係（A＝B）**」を含む文章を読んでいくことにします。今回はその1回目として「**言い換え関係**」を扱います。

「**言い換え**」とは**表現を変えてくり返す**ことをいいます。筆者は文章中でさまざまな**言い換え**表現を用いて、**自分の主張したいことをくり返し述べてくる**ことがあります。

では、どうして表現を変える必要があるのでしょうか。

もし、形を変えることなくまったく同じ表現が文章中に何回も何回もくり返し出てきたらどうでしょうか。きっと読者の多くは「くどい」「しつこいなあ」と思うことでしょう。筆者は自分の主張を理解してもらいたいはずなのに、これでは逆効果になる危険性があります。その危険を回避し、しかも筆者が主張したいことを読者に強調するためには、**表現を変えてくり返す**必要があるのです。

今回は、**言い換え**を含んだ文章を読んでいくことにします。

「かけがえのない人格」、堅苦しい言葉を使えば、「人格の置換不可能性」——その意味は、他の人と自分の人格を取り替えることはできないということである。人々はそれぞれ「かけがえのない人格」を持つ。これは分かりきった事実であると同時に、否定することのできない真理である。

（塩野谷祐一《しおのやゆういち》『エッセー　正・徳・善』による）

まずは前半です。

「**かけがえのない人格**」、堅苦しい言葉を使えば、「**人格の置換不可能性**」——その意味は、**他の人と自分の人格を取り替えることはできない**ということである。

人格についての文章です。
「堅苦しい言葉を使えば」と「その意味は」に着目しましょう。これらの言葉は**前のことがらをあとで言い換えているこ**とを示しています。

論理の整理

「かけがえのない人格」
＝
堅苦しい言葉を使えば
「人格の置換不可能性」
＝
その意味は
他の人と自分の人格を取り替えることはできないということ

このように、この短い文の中にも**言い換え関係**が存在しています。
では、後半へ行きましょう。

人々はそれぞれ「かけがえのない人格」を持つ。これは**分かりきった事実であると同時に、否定することのできない真理**である。 ・3

指示語「これ」に注目しましょう。「これ」は〈人々は「かけがえのない人格」を持つこと〉を指します。そして、筆者は〈これ＝分かりきった事実であると同時に、否定することのできない真理〉であると言い換えています。

先ほどの「論理の整理」に加筆してみます。

論理の整理 文章全体

「かけがえのない人格」
＝
堅苦しい言葉を使えば
「人格の置換不可能性」
＝
その意味は
他の人と自分の人格を取り替えることはできないということ
＝
分かりきった事実であると同時に、否定することのできない真理

このように、これらすべては**言い換え関係**になっているのです。

理論のポイント　イコール関係①

筆者は自分の主張を読者に強調するために、**主張をくり返します**。ただし、多くの場合、**言い換えて**（形を変えて）くり返します。

講義動画　理論編４　イコール関係①

※講義動画では、本書とは異なる文章を用いて解説しています。

イコール関係② たとえ（比喩）

今回は**イコール関係**の2回目として「**たとえ（比喩）**」を扱います。筆者は**自らが言いたいことを「たとえ（比喩）」を使って言い換える**ことがあります。

ところで、「**たとえる**」とはどういうことでしょうか。辞書には次のように説明されています。

> たとえる【喩える・譬える】
> わかりやすく説明するために、それとよく似たところのある身近なものを引き合いに出して言うこと。

ここからわかることを整理すると、「**たとえ**」とは、

> ❶ あることがらや事物をわかりやすく説明するために用いる技法
> ❷ ❶をするために、**よく似たところのある身近な事物を引き合いにする**技法

ということです。

特に❷が重要です。たとえば「あの選手は鋼《はがね》のような体をしている」は、「選手の体」と「鋼」は「強靭《きょうじん》」とい

う似た点をもっているので、**たとえ**として成立しているのです。仮に「あの選手は水のような体をしている」としてしまっては「選手の体」と「水」の似ている点がよくわからないので、**たとえ**として成立しないのです。

それでは、今回は**たとえ**に注目して文章を読んでいきましょう。

1 各駅停車から新幹線へ、というならよくわかる。しかし、新幹線から各駅停車へ、というのはどういうわけだろう。交通の発達は、各駅停車から急行ができ、特別急行となり、最後に新幹線となった。それなら、新幹線から各駅停車へ、というのは、逆コースをいおうとするのか。

2 このたとえを、私は聖書の読み方に使っているのである。はじめて聖書を読むときには、わかる箇所はほとんどないといってよいのではなかろうか。これはちょうど、新幹線ですっ飛ばすようなものである。停車する駅はほとんどない。感動して立ちとどまる聖書の箇所はほとんどない。すっすっと、飛ばして読む。これが偽らない実情である。私は、それでも仕方がないと思う。この実情を踏まえて出発するほかないと思う。

3 聖書は、感動して立ちとどまる箇所に出会うまでは、新幹線のように読むほかない。それを無理して、感動もしない箇所に、各駅停車して、立ちとどまろうとすると、その無理がたたって、まもなく嫌気がさし、聖書をほうり出してしまうことになるであろう。

（北森《きたもり》嘉蔵《かぞう》『聖書の読み方』による）

それでは、第1段落から見ていきましょう。

1 各駅停車から新幹線へ、というならよくわかる。しかし、**新幹線から各駅停車へ、というのはどういうわけだろう**。交通の発達は、各駅停車から急行ができ、特別急行となり、最後に新幹線となった。それなら、新幹線から各駅停車へ、というのは、逆コースをいおうとするのか。

第1段落は新幹線と各駅停車の列車の話から始まっています。ところが、「新幹線から各駅停車へ」と言われても**筆者が何を述べようとしているのかは、この段階ではつかめません**。そのため、この話が何を意味するのかを意識しつつ、続きを読んでいきましょう。

2 このたとえを、私は**聖書の読み方**に使っているのである。

「このたとえを」とあることから、第1段落の「新幹線」と「各駅停車」は**たとえ（比喩）**です。そして、筆者はこの**たとえ**を聖書の読み方に使っているというのです。ということは、「新幹線／各駅停車」の話と「聖書の読み方」には**何らかの共通する点がある**はずです。それは何なのでしょうか。続きへ行きましょう。

2 **はじめて聖書を読むときには、わかる箇所はほとんどない**といってよいのではなかろうか。これはちょうど、たとえ（比喩）**新幹線ですっ飛ばすようなもの**である。**停車する駅はほとんどない**。**感動して立ちとどまる聖書の箇所はほとんどない**。**すっすっと、飛ばして読む**。これが偽らない実情である。私は、それでも仕方がないと思う。この実情を踏まえて出発するほかないと思う。

3 筆者の主張 **聖書は、感動して立ちとどまる箇所に出会うまでは、新幹線のように読むほかない**。それを無理して、感動もしない箇所に、各駅停車して、立ちとどまろうとすると、その無理がたたって、まもなく嫌気がさし、聖書をほうり出してしまうことになるであろう。

この部分で「聖書の読み方」を「新幹線／各駅停車」にたとえた意図がわかります。

筆者は、〈はじめて聖書を読むとき読み手にわかる箇所はほとんどない〉と考えています。それなのに、〈無理をして感動もしない箇所に（各駅停車のように）立ちとどまると嫌気がさし、聖書をほうり出してしまうだろう〉と思っています。それなら〈感動して立ちとどまる箇所に出会うまでは（新幹線のように）飛ばして読むほうがよい〉と主張しているのです。

論理の整理　文章全体

1
たとえ（比喩）
新幹線から各駅停車へ

＝

はじめて聖書を読むとき、わかる箇所はほとんどないといってよい。

3～2

筆者の主張
感動して立ちとどまる箇所に出会うまでは、立ちとどまらず読むしかない。

（感動した箇所に出会ったとき、立ちとどまればよい）

＝

たとえ（比喩）
各駅停車する必要はなく、新幹線のようにすっ飛ばす

（停車すべき駅に出会ったとき、停車すればよい　＝　新幹線から各駅停車へ）

このように〈はじめて聖書を読むときは、まずは新幹線のようにすっ飛ばし、感動する箇所に出会ったら停車すればよい〉と筆者は考えているのです。第1段落の「新幹線から各駅停車へ」という**たとえ（比喩）**はこのことを意味していたのです。

理論のポイント　イコール関係②

「たとえの表現」と「たとえる対象」の間には、ある**共通する要素**があります。それが何なのかを理解するのが「**たとえ（比喩）**」のポイントです。

▶ 講義動画　理論編5 イコール関係②

※講義動画では、本書とは異なる文章を用いて解説しています。

6

イコール関係③　対等関係

イコール関係の3回目です。今回は「**対等（同等）関係**」を扱います。**対等関係**とはどのような関係なのでしょうか。一例を挙げてみます。

> 例　自分勝手に本を読むことと本をまったく読まないことは、書物から何かを学ぼうという姿勢がないという点で同じである。

この文では、本来であれば正反対にある「自分勝手に本を読むこと」と「本をまったく読まないこと」は同じであると述べられています。

> **自分勝手に本を読むこと**
> ＝
> **本をまったく読まないこと**

そして、両者が同じだと言える理由を、筆者は〈書物から何かを学ぼうという姿勢がないから〉と述べています。

このように**本来は異なるものが、ある視点から見れば対等（同等）**であると言える場合があります。

今回はそのような関係を含む文章を読んでいくことにします。

1 伝統的に歌舞伎の世界では、次世代に伝えるべきことを書いて残すことをしない。彼らはあえて書かないのではなく、卓越者の演じ方や振る舞いについてはそもそも書けないのだという。やり方やきまりについては書こうと思えば書けるけれども、卓越者の表現に見られる彼らの気持ちの問題、感性の部分については書きようがない、というのだ。

2 そのことはやはり美術の表現でも同じことだ。色彩や形や構図、さらには先達の偉業の細かな分析や美の概念《がいねん》の構築について、多くの本が書かれてきたし、美術学校や大学でもそれぞれについては教えられてきた。しかし、人々が美しいと感じる絵を描くにはどうすればいいのかについては、誰も教えてはくれない。

（川畑秀明《かわばたひであき》『脳は美をどう感じるか』による）

まずは、第1段落です。

1 **伝統的に歌舞伎の世界では、次世代に伝えるべきことを書いて残すことをしない**。彼らはあえて書かないのではなく、**卓越者の演じ方や振る舞いについてはそもそも書けない**のだという。やり方やきまりについては書こうと思えば書けるけれども、**卓越者の表現に見られる彼らの気持ちの問題、感性の部分については書きようがない**、というのだ。

歌舞伎についての文章です。

「歌舞伎の世界では、次世代に伝えるべきことを書いて残すことをしない」と述べられています。書き残さないのは〈演者の感性にかかわる部分〉です。〈感性に関する部分は、やり方やきまりに関する部分と違って、そもそも書くことができない〉からです。

では、この歌舞伎の話がこれからどのように展開するのでしょうか。次の段落を見てみましょう。

2 そのことはやはり**美術の表現**でも同じことだ。

この段落では美術の表現に話が移っています。「同じことだ」から、

論理の整理

1 歌舞伎
＝
2 美術の表現

という関係になっているのは明らかです。

これがつかめれば、このあとの文章からは**両者の共通点を読み取ればよい**ということになります。

では、続きへ行きましょう。

2 色彩や形や構図、さらには先達の偉業の細かな分析や美の概念《がいねん》の構築について、多くの本が書かれてきたし、美術学校や大学でもそれぞれについては教えられてきた。しかし、**人々が美しいと感じる絵を描くにはどうすればいいのかについては、誰も教えてはくれない**。

やはり歌舞伎と同じ内容です。〈色彩や形や構図、先達の偉業の細かな分析や美の概念の構築〉については書き残すことができます（つまり、言葉にして伝えることができる）。けれども、〈人々が美しいと感じる絵を描くにはどうすればいいのか〉は書き残すことができない（つまり、言葉にして伝えることができない）のです。

文章全体を整理してみましょう。

論理の整理　文章全体

1 歌舞伎……やり方やきまりについては書こうと思えば書ける（言葉にして伝えることができる）。

↔ **感性の部分は書き残しようがない（言葉にして伝えることができない）**。

＝

2 美術の表現……色彩や形や構図、先達の偉業の細かな分析や美の概念の構築については書き残すことができる（言葉にして伝えることができる）。

↔ **人々が美しいと感じる絵を描くにはどうすればいいのかは書き残すことができない（言葉にして伝えることができない）**。

「歌舞伎」と「美術の表現」は以上のような共通する性質をもっているので、筆者は「歌舞伎」と「美術の表現」は**対等（同等）**だと考えているのです。

理論のポイント　イコール関係③

「**対等（同等）関係**」とは、**本来はまったく異なるものであっても、ある視点から見れば同じ**であると言えるという関係です。**両者にはどのような共通点があるのか**をつかむことが重要です。

▶ 講義動画　理論編6　イコール関係③

※講義動画では、本書とは異なる文章を用いて解説しています。

抽象と具体の関係① 抽象から具体へ

今回からは「**抽象（抽象的・抽象化）**」と「**具体（具体的・具体化）**」について扱います。

そもそも「**抽象**」と「**具体**」とはどういう意味なのでしょうか。「**抽象**＝わかりにくいこと」「**具体**＝わかりやすいこと」というイメージを抱いている人も多いと思います。

たしかに、イメージとしては間違っていません。

ですが、そういう認識ではこの二つの言葉を正しく理解しているとは言いがたいです。まずは、言葉の意味をしっかりと理解してください。

■抽象と具体とは

まず「**抽象**」について説明します。

抽象……いくつかの物事の中から**共通する性質を抜き出し、一般的なものにする**こと。

つまり、「**抽象**」とは「**共通点を抜き出し、一般化すること**」です（「抽」は「引き出す・抜き出す」という意味で、「象」は「かたち」という意味です）。

少し練習してみましょう。

> 例❶　ピアノ・ギター・フルート ⟶ 楽器

これらに共通する要素は「楽器」です。このように、これらの言葉は「楽器」と**抽象**（**抽象化**）できるわけです。

> 例❷　みかん・りんご・もも ⟶ くだもの

これらに共通する要素は「くだもの」です。このように、これらの言葉は「くだもの」と**抽象**（**抽象化**）できるわけです。

この反対が「**具体**（**具体化**）」です。

	抽象		具体
例❶	楽器	→	ピアノ・ギター・フルート
例❷	くだもの	→	みかん・りんご・もも

つまり、**具体**とは、

具体……目に見える、はっきりした形をもっていること。

という意味なのです（「具」は「そなわっている」という意味、「体」は「かたち」という意味です）。

筆者は**自らが述べたことが抽象的でそのままでは読者に伝わりにくいと判断した場合、それを具体化してわかりやすく説明します**。今回はそんな文章を読んでいくことにします。

（補足）「**抽象**」と「**一般**」

本書で使用する「**抽象**」は、正確には「**一般**（ある共通する要素が、全体にわたっていること）」というほうが適切である場合があります。しかし、「**抽象**」と「**一般**」を厳密に使い分けることに大きな実益はなく、むしろ混乱を招くおそれもあるため、本書では「**具体**」の対義語である「**抽象**」で統一しています。

ヨーロッパはキリスト教化したが、キリスト教もヨーロッパ化した。つまり、キリスト教自体がヨーロッパに適応し、変化を経験したのである。たとえばクリスマスにパレスチナ*ではあまり生息していないもみの木が飾られるようになったのは、キリスト教がヨーロッパ化した事例であろうし、死者の魂が帰ってくるハロウィンをキリスト教が祝うようになるのも、またイースター（復活祭）にうさぎが卵を運んでくるという伝承なども、ヨーロッパ化に関係している。

（深井《ふかい》智朗《ともあき》『プロテスタンティズム』による。一部省略）

㊟ *パレスチナ…西アジアの地中海東岸一帯の地域。キリスト教の聖地であるエルサレムがある。

まずは冒頭部分です。

ヨーロッパはキリスト教化したが、**キリスト教もヨーロッパ化した**。つまり、**キリスト教自体がヨーロッパに適応し、変化を経験した**のである。

今回はキリスト教に関する文章です。

つまりが示すように、この前後は**言い換え関係**になっています。

論理の整理

キリスト教がヨーロッパ化した。

＝ つまり

キリスト教自体が、ヨーロッパに適応し、変化した。

まず、この関係をおさえましょう。

しかし、「キリスト教がヨーロッパ化した」と言われても、具体的にはどういう変化をしたのかがこのままではわかりません。そこで、筆者は読者が理解しやすいように**具体例**をこの直後で挙げています。

たとえば 具体例1 クリスマスにパレスチナではあまり生息していないもみの木が飾られるようになったのは、キリスト教がヨーロッパ化した事例であろうし、具体例2 死者の魂が帰ってくるハロウィンをキリスト教が祝うようになるのも、また 具体例3 イースター（復活祭）にうさぎが卵を運んでくるという伝承なども、ヨーロッパ化に関係している。

たとえば は**これ以降が具体化されていること**を示す言葉です。筆者は〈キリスト教のヨーロッパ化〉の**具体例**

を三つ挙げています（「し」「も」「また」は**並列**や**添加**《てんか》を示します）。

着目

❶ クリスマスに（パレスチナにはあまり生息しない）もみの木が飾られるようになった。
❷ 死者の魂が帰ってくるハロウィンをキリスト教が祝うようになった。
❸ イースター（復活祭）にうさぎが卵を運んでくるという伝承がある。

それでは、全体を整理してみましょう。

論理の整理 文章全体

キリスト教がヨーロッパ化した。

＝ つまり

キリスト教自体が、ヨーロッパに適応し、変化した。

具体例
❶ クリスマスに（パレスチナにはあまり生息しない）もみの木が飾られるようになった。
❷ 死者の魂が帰ってくるハロウィンをキリスト教が祝うようになった。
❸ イースター（復活祭）にうさぎが卵を運んでくるという伝承がある。

このように、この文章は**抽象から具体へ展開した文章**だと言えるのです。

理論のポイント　抽象と具体の関係①

評論文における筆者の主張は、そのほとんどが抽象的なものです。そのため、筆者は**具体例**を出して、その主張をわかりやすく読者に伝えようとします。

講義動画　理論編7 抽象と具体の関係①

※講義動画では、本書とは異なる文章を用いて解説しています。

8

抽象と具体の関係②　具体から抽象へ

今回も、前回に引き続き**抽象と具体の関係**を含む文章を読んでいくことにします。

ただし、今回は**具体例から始まった文章**です。**具体例**から始まった文章は、筆者が主張したいことがつかめない限り、それが何の**具体例**なのかがわかりません。この**具体例を通して筆者は何を述べたいのか（どこで抽象化してくるのか）**を意識しつつ読んでいきましょう。

①　戦後しばらくのころ、アメリカで対潜水艦兵器の開発に力を入れていた。それには、まず、潜水艦の機関音をとらえる優秀な音波探知器をつくる必要があった。

②　そういう探知器をつくろうとしていろいろ実験していると、潜水艦から出ているのではない音がきこえる。しかも、それが規則的な音響である。この音源はいったいなにか、ということになって、調べてみると、これが何と、イルカの交信であった。

③　それまでイルカの〝ことば〟についてはほとんど何もわかっていなかったのに、これがきっかけになって、一挙に注目をあつめる研究課題としておどり出た。

④　もともとは、兵器の開発が目標だったはずである。それが思いもかけない偶然から、まったく別の新しい発見が導かれることになった。こういう例は、研究の上では、古くから、決して珍しくない。

5 科学者の間では、こういう*行きがけの駄賃のようにして生れる発見、発明のことを、セレンディピティと呼んでいる。

（外《と》山《やま》滋《しげ》比古《ひこ》『思考の整理学』による）

㊟ ＊行きがけの駄賃…物事をするついでに他の事をすること。

それでは、本文の序盤から中盤を見てみましょう。

1 戦後しばらくのころ、アメリカで対潜水艦兵器の開発に力を入れていた。それには、まず、潜水艦の機関音をとらえる優秀な音波探知器をつくる必要があった。

2 そういう探知器をつくろうとしていろいろ実験していると、潜水艦から出ているのではない音がきこえる。しかも、それが規則的な音響である。この音源はいったいなにか、ということになって、調べてみると、これが何と、イルカの交信であった。

3 それまでイルカの〝ことば〟についてはほとんど何もわかっていなかったのに、これがきっかけになって、一挙に注目をあつめる研究課題としておどり出た。

この文章の冒頭は音波探知器開発の話から始まっています。潜水艦の機関音をとらえる音波探知器を開発していたところ、イルカの交信を発見したというものです。

話そのものは平易で明快なのですが、**この話で筆者が何を伝えようとしているのかは今のところわかりません。**

結局、筆者は何が言いたいのか。そのことを意識しながら、先に進むことにしましょう。

④ もともとは、兵器の開発が目標だったはずである。それが**思いもかけない偶然から、まったく別の新しい発見が導かれることになった**。こういう例は、研究の上では、古くから、決して珍しくない。

⑤ 科学者の間では、こういう**行きがけの駄賃のようにして生れる発見、発明のことを、セレンディピティと呼んでいる**。

この部分で、音波探知器開発によってイルカの交信を発見したという**具体的**な話を、「思いもかけない偶然から、まったく別の新しい発見が導かれる」と**抽象的表現**に言い換えています。そして、「行きがけの駄賃のようにして生れる発見、発明」を「セレンディピティ」というと筆者は述べています。

つまり、この文章は「セレンディピティ」とは何かを説明するために、まず探知器開発の**具体例**から始めたわけです。

論理の整理　文章全体

③〜①　**具体例**　探知器開発がイルカの交信を発見した。

↓

④　**抽象化**　思いもかけない偶然から、まったく別の新しい発見が導かれる。

↓

⑤　**筆者の主張**　**行きがけの駄賃のようにして生れる発見、発明をセレンディピティと呼ぶ。**

今回の文章は、**具体から抽象へ展開した文章**だと言えます。

理論のポイント　抽象と具体の関係②

「**具体例**」から始まった文章は、**それを通して筆者が何を言いたかったのか（どこで抽象化したのか）**を理解することが重要です。

講義動画　理論編8　抽象と具体の関係②

※講義動画では、本書とは異なる文章を用いて解説しています。

9

引用

今回は**引用**を含んだ文章を扱います。

引用とは、**他人の言葉や説などをもってくること**をいいます。たとえば、「夏目漱石は、〇〇という作品の中で……と述べている」というような具合です。

引用を理解するうえで重要なのは、**その引用は何のために行われたのか**、ということです。

たとえば、

❶ **自分の主張と同様の主張をもってきて、自分の考えを補強するため**
❷ **自分の主張と対立する主張をもってきて、自分の考えの独自性を明確にするため**

など、その意図は文章によって異なります。そのため、**引用**が出てきたら**筆者はどういう意図で引用を行ったのか**を考える必要があります。

1 パスカルは、「ピ*レネーの手前の真理は、山脈の彼方ではもう真理ではない」というようなことが起こると言った。近頃、異国へ行くことが多くなったが、日本で染まった「常識」がいろいろとずれるので、まごつくことが多い。こちらの「常識」の方が異常なのかと首をかしげさせられることもときどきある。

2 実は、同じことは歴史に関しても言えるので、過去のある時代の考え方が現代の考え方と違うからといって、直ちにそれを誤っているとか遅れているとか言うことはできない。しかし人はとかく、現代的な尺度で過去の時代を測り、現代的な常識で、過去の現象を理解しようとする。そのために、歴史家は知らずして大変な思い違いをしてしまうことが多い。

（柳宗玄《やなぎむねもと》「装飾ではない装飾について」による。一部省略）

㊟ *ピレネー…フランスとスペインの国境をなす山脈。

それでは冒頭部分から見ていきましょう。

①　引用　パスカルは、「ピレネーの手前の真理は、山脈の彼方ではもう真理ではない」というようなことが起こると言った。

この文章は、パスカルの言葉の**引用**から始まっています。とはいえ、**このパスカルの言葉を筆者がどういう意図で引用したのかは、この段階ではよくわかりません**。そのため、続きの文章からそれを読み取っていくことにしましょう。

①　近頃、異国へ行くことが多くなったが、**日本で染まった「常識」がいろいろとずれる**ので、まごつくことが多い。こちらの「常識」の方が異常なのかと首をかしげさせられることもときどきある。

ここからは、「常識」についての話になっています。〈日本では常識であることが異国では違っていることがあり、まごついた経験が筆者にはある〉と言っています。このように、常識は場所によって異なることがあるのです。

ここで冒頭のパスカルの言葉に戻ってみましょう。パスカルは〈ピレネー山脈の手前で真理とされていることも、ピレネー山脈を越えてしまえば真理ではなくなる〉というようなことが起こると言っています。つまり、この言葉も〈場所によって真理は異なる〉と言っているのです。ということは、〈場所によって常識は異なる〉という**自らの主張と同様の趣旨の発言をパスカルが行っていたからこそ、筆者は冒頭にその言葉を引用した**のです。

論理の整理

1 引用 ピレネーの手前の真理は、山脈の彼方ではもう真理ではないというようなことが起こる。

＝

筆者の主張 **場所によって常識は異なる**。

ここまでの内容はこのように整理できます。
さらに筆者は次のように述べています。

2 実は、同じことは歴史に関しても言えるので、過去のある時代の考え方が現代の考え方と違うからといって、直ちにそれを誤っているとか遅れているとか言うことはできない。しかし**人はとかく、現代的な尺度で過去の時代を測り、現代的な常識で、過去の現象を理解しようとする**。そのために、**歴史家は知らずして大変な思い違いをしてしまうことが多い**。

ここからは歴史の話になっていますが、「同じこと」が示すように、内容は先ほどまでと**対等（同等）関係**です。歴史の場合も、時代によって常識は異なるのです。ところが、人は「現代的な尺度で過去の時代を測り、現代的な常識で、過去の現象を理解しようと」してしまいます。だから、〈歴史家は思い違いをしてしまうこと〉があると筆者は述べています。

このことを先ほどの「論理の整理」に加筆してみます。

論理の整理　文章全体

1 引用 ピレネーの手前の真理は、山脈の彼方ではもう真理ではないというようなことが起こる。

＝

筆者の主張 **場所によって常識は異なる。**

＝

2 歴史に関しても同じで、常識は時代によって異なる。

←

しかし、人は現代的な常識で過去の現象を理解しようとするので、歴史家は思い違いをしてしまうことが多い。

冒頭で筆者がパスカルの言葉を引用したのは、**自らの主張を補強するため**だったのです。

このように、**引用があった場合はその意図を読み取ることが大切**です。

理論のポイント　引用

本文中に「**引用**」があった場合、その**引用はどのような意図で行われているのか（主張を補強するためか、主張の独自性を示すためかなど）**を理解することが重要です。

▶ 講義動画　理論編9 引用

※講義動画では、本書とは異なる文章を用いて解説しています。

因果関係

この章の最後に**因果関係**を扱っておきましょう。
因果関係とは**原因とその結果**のことです。例を挙げてみましょう。

> 例 原因 風邪を引いてしまった。だから、結果 今日は学校を休んだ。

この関係が文章中で用いられる場合、「**筆者の主張**」と「**その理由（根拠）**」という形をとることが多いです。筆者は自らの主張の正当性を読者に理解してもらうために、主張の**理由（根拠）**となることがらを挙げるのです。つまり、**筆者の主張（＝結果）**とその**理由・根拠（＝原因）**という関係です。

> 例 主張の理由（根拠） 文章というものは全体を理解するだけでなく、部分部分を味わって読むことではじめて著者の思想に迫ることができる。だから、筆者の主張 本を正しく理解するにはゆっくりと、またくり返し読む必要がある。

今回は、**因果関係**に注意しながら文章を読んでいきましょう。

1 「人間らしさを問う」というのは、実はとてつもなく難しいことです。

2 というのも、人間らしさを考えるためには、まずその前提として人間とは何かという定義を決めて、その定義に照らして人間らしいか否かを導く必要があるからです。

3 しかし、人間をどのように定義するかについては、個々人によって相当違います。文化によっても異なるし、社会によってもさまざまな定義があります。人間の歴史を振り返ると千差万別の人間の定義があり、現在の社会にも多種多様な人間像が存在しています。ですから、人間らしさとはこういうことであり、こういう部分は人間らしくないと言ってしまうと人間らしさを一つの考え方に固定することになり、トータルな視座を見失う危険が伴います。

（上《うえ》田《だ》紀行《のりゆき》『人間らしさ』による）

まず冒頭で筆者はこのように述べています。

1 **「人間らしさを問う」というのは、実はとてつもなく難しいことです**。

しかし、これがなぜなのか、その**理由**が説明されていません。ということは、これ以降の文章はそのことを意識しながら読まないといけないということになります。

では、続きへ行きましょう。

② というのも、人間らしさを考えるためには、まずその前提として**人間とは何かという定義を決めて、その定義に照らして人間らしいか否かを導く必要がある**からです。（理由）

③ しかし、人間をどのように定義するかについては、個々人によって相当違います。文化によっても異なるし、社会によってもさまざまな定義があります。人間の歴史を振り返ると千差万別の人間の定義があり、現在の社会にも多種多様な人間像が存在しています。ですから、**人間らしさとはこういうことであり、こういう部分は人間らしくないと言ってしまうと人間らしさを一つの考え方に固定することになり、トータルな視座を見失う危険が伴います**。

というのもは「そのわけは」という意味なので、ここからさっそく**理由**が説明されています（文末の「から」もこのことを示しています）。筆者は〈人間らしさを問うには、まず人間とは何かという定義を決める必要がある〉と考えています。

ところが、それは簡単なことではありません。

しかし以降の流れに注目しましょう。人間らしさを考えるためには、人間とは何かを定義しなければなりません。しかし、〈人間の定義には個々人、文化、社会によってさまざまあり、また、歴史的に見てもさまざまあり、現在の社会でもさまざまある〉と述べられています。つまり、人間を定義すること自体がそもそもむずかしいのです。ということは、人間らしさを一つに固定することは危険を伴うことなのです。

このように、**というのも**以降、第③段落までを**根拠**として、筆者は冒頭で「人間らしさを問う」ことはとてつもなくむずかしいと**主張**したのです。

論理の整理 文章全体

①　筆者の主張　**「人間らしさを問う」というのは、実はとてつもなく難しい**。

↓

②　理由　**というのも**、人間らしさを考えるためには、人間とは何かという定義を決めて、その定義に照らして人間らしいか否かを導く必要があるからだ。

↓

③　**しかし**、人間をどのように定義するかについては、個々人・文化・社会によってさまざまある。人間の歴史を振り返ると千差万別の人間の定義があり、現在の社会にも多種多様な人間像が存在している。（つまり、人間を一つに定義することはむずかしい）

↓

ですから、**人間らしさを一つの考え方に固定することは危険を伴う**。

今回の文章は、**冒頭で筆者は自らの主張を行い、第②段落以降でその理由（根拠）を述べる**という流れになっているのです。

理論のポイント 因果関係

「**因果関係**」は**原因と結果の関係**です。筆者は自分の**主張**（＝**結果**）を読者に納得してもらうために、その**理由・根拠**（＝**原因**）となることがらを挙げます。

▶ 講義動画　理論編10　因果関係

※講義動画では、本書とは異なる文章を用いて解説しています。

＊

これで、第2章は終了です。この10回で**文章を筋道立てて読む**（**精読する**）ために必要最低限のことがらは習得できたはずです。

第3章では、これらを実際に使いこなす練習をしていくことにします。

第3章 文章を筋道立てて読む（応用編）

第3章は、第2章の応用編です。

ところで、「応用」とはどういう意味でしょうか？　「応用」＝「むずかしい」と考えている人も多いのではないでしょうか。辞書にはこうあります。

おうよう【応用】……それまでに得た原理や知識などを、他のことに当てはめて用いること。

つまり、第2章で学習した**理論を使いこなせるようにする**のがこの章の目的です。習得した**理論**を用いて**「何について」「どのような筋道で」「どういう主張を」述べている文章なのか**を考えながら読んでいきましょう。また、その際は、**文の流れを示す言葉（接続語など）**に印をつけながら読んでいくようにしてください。

確認問題は、文章が正しく理解できたかどうかをチェックするために用意しました。文章をていねいに読んでいれば容易に解答が導けるものばかりです。ぜひ、これにも挑戦してみてください。

① キリスト教世界である西洋に発した近代科学は、自然を神が書いたもう一つの書物とみなし（むろん、他の一つは『聖書』である）、自然を研究することは、神の意図を理解し、神の存在証明をするための重要な作業と考えてきた。ガリレイやニュートンの著作には神の名がよく出てくるし、「神が創った宇宙だから美しいはず」という信念で研究に励んできた科学者も多い。神の存在と自然科学は、少なくとも近代科学の＊黎明期《れいめいき》ではなんら矛盾した関係にはなかったのだ。

② しかし、時代が進むにつれ、神の存在証明をしようとして進められてきた自然科学であったにもかかわらず、逆に神の不在を導き出す皮肉な結果を招くことになった。神の御業《みわざ》と思われてきたさまざまな現象が「物質の運動」で説明でき、神の助けがなくてもいっこうに構わないことがわかってきたからだ。神を嫌う不遜《ふそん》な科学者が増える一方になったのである。

（池内了《いけうちさとる》『物理学と神』による）

㊟ ＊黎明期…新しい時代や文化などの始まろうとする時期。

確認問題

次のA～Dに示された内容が本文と合致する場合は①、合致しない場合は②、判定できない（述べられていない）場合は③と答えよ。

A　神に対する科学者の考え方は、いつの時代においても違いはない。

B　神の存在と科学は、つねに対立する関係にあったわけではない。
C　近代科学の発達は、人類に多大な恩恵と害悪をもたらした。
D　近代科学は、物質の運動によって神の存在証明をおこなった。

A	B	C	D

それでは本格的な精読の練習を始めていきましょう。この文章で、**筆者は何を述べようとしているのでしょうか。**

また、それを**どのような筋道で述べているのでしょうか。**

1　キリスト教世界である西洋に発した近代科学は、自然を神が書いたもう一つの書物とみなし（むろん、他の一つは『聖書』である）、**自然を研究することは、神の意図を理解し、神の存在証明をするための重要な作業と考えてきた。**具体例 ガリレイやニュートンの著作には神の名がよく出てくるし、「神が創った宇宙だから美しいはず」という信念で研究に励んできた科学者も多い。筆者の主張 **神の存在と自然科学は、少なくとも近代科学の黎明期《れいめいき》ではなんら矛盾した関係にはなかった**のだ。

近代科学とキリスト教についての文章です。〈自然は神が書いた書物であり、自然を研究することは神の意図を理解し神の存在証明につながるものだ〉と述べられています。3行目の「ガリレイやニュートンの著作には……」はそのような考えが一般的であったことを示す**具体例**です。

注意すべきは4行目「神の存在と自然科学は、少なくとも近代科学の黎明期ではなんら矛盾した関係にはなかった」です。つまり、**この段落で述べられていることはあくまで近代科学の黎明期の話であって、現代も同じであるかどうかはわかりません**。この点は必ずおさえておきましょう。

論理の整理 1

1 **近代科学の黎明期**

自然を研究することは神の意図を理解し、神の存在証明をするための重要な作業である。

例 ガリレイやニュートンの著作には神の名がよく出てくる。

「神が創った宇宙だから美しいはず」という信念で研究に励んできた科学者も多い。

筆者の主張 **神の存在と自然科学は矛盾した関係にはなかった。**

それでは、ここからどう展開するのでしょうか。第2段落へ行きましょう。

着目 科学の黎明期の話から、どのように展開するのか。

②しかし、時代が進むにつれ、神の存在証明をしようとして進められてきた自然科学であったにもかかわらず、逆に**神の不在を導き出す皮肉な結果を招くことになった**。神の御業《みわざ》と思われてきたさまざまな現象が「物質の運動」で説明でき、神の助けがなくてもいっこうに構わないことがわかってきたからだ。理由

筆者の主張 **神を嫌う不遜《ふそん》な科学者が増える一方になった**のである。

逆接の接続語しかしで話は大きく転換し、**時代が進んだあと**の話になっています。それによると、〈自然科学は時代が進んでいくうちに神の不在を導いてしまった〉というのです。

なぜそうなってしまったのでしょうか。その**理由**を筆者は直後の文で「神の御業と思われてきたさまざまな現象が『物質の運動』で説明でき、神の助けがなくてもいっこうに構わないことがわかってきたからだ」と説明しています。

このような事情があって、「神を嫌う不遜な科学者が増える一方になった」と筆者は述べています。

この部分を整理してみましょう。

論理の整理 2

2 **時代が進んだあと**

自然科学は神の不在を導き出す結果を招いた。

理由 神の御業と思われていた現象が「物質の運動」で説明できるようになったから。

筆者の主張 **神を嫌う不遜な科学者が増えた。**

このように、この文章は**近代科学の黎明期とそのあとの時代を対立的に述べている**のです。

それでは、文章全体を整理してみます。

論理の整理 文章全体

1 **近代科学の黎明期**

自然を研究することは神の意図を理解し、神の存在証明をするための重要な作業である。

例 ガリレイやニュートンの著作には神の名がよく出てくる。

「神が創った宇宙だから美しいはず」という信念で研究に励んできた科学者も多い。

筆者の主張 **神の存在と自然科学は矛盾した関係にはなかった。**

② **時代が進んだあと**

自然科学は神の不在を導き出す結果を招いた。

理由 神の御業と思われていた現象が「物質の運動」で説明できるようになったから。

筆者の主張 **神を嫌う不遜な科学者が増えた。**

この文章はこのような流れになっているのです。
それでは、**確認問題** に移りましょう。

次のA～Dに示された内容が本文と合致する場合は①、合致しない場合は②、判定できない（述べられていない）場合は③と答えよ。

A～Dを順番に検討していきます。

A　神に対する科学者の考え方は、いつの時代においても違いはない。

「論理の整理」で見たように、かつての科学者は「自然を研究することは、**神の意図を理解し、神の存在証明をするための重要な作業**」と考えていましたが、時代が進むにつれて「**神を嫌う**不遜な科学者が増える一方になった」と述べられています。ということは、神に対する考え方は時代とともに変わっています。したがって、解答は②。

B　神の存在と科学は、つねに対立する関係にあったわけではない。

これも「論理の整理」で見たとおり「神の存在と自然科学は、少なくとも**近代科学の黎明期ではなんら矛盾した関係にはなかった**」のですから、このころには対立はなかったとわかります。ということは「つねに対立する関係にあったわけではない」は本文と合致します。したがって、解答は①。

C　近代科学の発達は、人類に多大な恩恵と害悪をもたらした。

常識的に考えると正しいことを述べていますが、**この文章はかつての科学者と時代が進んだあとの科学者の神に対する考え方の違いを述べたもの**で、科学が人類にどのような影響を与えたかについてはいっさい述べていません。したがって、解答は③。

D　近代科学は、物質の運動によって神の存在証明をおこなった。

7行目に「神の御業と思われてきたさまざまな現象が『物質の運動』で説明でき、**神の助けがなくてもいっこうに構わないことがわかってきた**」とあることから、「物質の運動」で証明されたのはむしろ「神の不在」です。ということは、この文は本文と矛盾します。したがって、解答は②。

解答　A ②　B ①　C ③　D ②

第3章 1

①〝イヌも歩けば棒にあたる〟ということわざは、もともと、なにかしようとしたり、出しゃばると災いにあうものだ、の意である。それがいつのまにか、いろいろなことをしていると、時に思わぬ幸運に出会うものだ、という逆の意味があらわれた。それが誤りとして葬り去られず公認されるまでになった。いまでは辞書も両義を併記するのが普通である。最近ではさらに、先々のことはわからない、と解する人がいるようだが、さすがに一般的ではない。

②〝転がる石は苔《こけ》をつけない〟（A rolling stone gathers no moss）はイギリスのことわざで、たびたび転居や転職をくりかえすような人間は金持ちになれない、の意味だ。あからさまに金をもち出すのに抵抗があったのか、腰の落ち着かない人間は成功しないという比喩として用いられることが多くなる。時とともに意味が変わった。

③このことわざがアメリカへ渡って、異った風土の中でもまれていて、社会的変化が生じた。活発に動いていれば苔などつくこともなくつねに新鮮だという意味である。イギリスとは反対に、転がる石を肯定している。英国のロックバンド、ローリングストーンズの名にはこのアメリカ流解釈のニュアンスがこめられた。

④〝イヌも歩けば…〟も〝転がる石…〟も安定社会と流動社会とでは、ことばを用いる人たちのコンテクストがまったく違うから、その解するところが百八十度転換することをはっきりさせている。これらは、ことばの意味が表現の中に自律的に内在しているのではなく、それを用いる側が変わるにつれて変化する、言いかえると、意味は絶対的なものではなく、相対的なものであることを物語る好例としてよ

かろう。

（外《と》山《やま》滋《しげ》比《ひ》古《こ》「意味の弁証法」による）

確認問題　この文章で、筆者の主張が抽象化して述べられているのはどの段落か。次の①〜④のうちから最も適当なものを一つ選べ。

① 第1段落　② 第2段落　③ 第3段落　④ 第4段落

□

精読練習の第2回目です。今回はことわざをめぐる文章です。さっそく冒頭部分から見ていくことにしましょう。

1 具体例1 〝イヌも歩けば棒にあたる〟ということわざは、もともと、**なにかしようとしたり、出しゃばると災いにあうものだ**、の意である。それがいつのまにか、**いろいろなことをしていると、時に思わぬ幸運に出会うものだ**、という逆の意味があらわれた。それが誤りとして葬り去られず公認されるまでになった。いまでは辞書も両義を併記するのが普通である。最近ではさらに、先々のことはわからない、と解する人がいるようだが、さすがに一般的ではない。

「イヌも歩けば棒にあたる」ということわざの**具体例**から始まっています。このことわざは「なにかしようとしたり、出しゃばると災いにあう」というもともとの意味から、いつのまにか「いろいろなことをしていると、時に思わぬ幸運に出会う」という逆の意味ももつようになったと述べられています。

論理の整理 1

1 **具体例1 ことわざ「イヌも歩けば棒にあたる」**

もともと……なにかしようとしたり、出しゃばると災いにあうという意味。

↔

現在……いろいろなことをしていると、時に思わぬ幸運に出会うという意味もある。

整理するとこのようになります。しかし、「イヌも歩けば棒にあたる」ということわざの**具体例**を挙げることで**筆者は結局何が言いたいのかがこの段階ではわかりません**。そのため、筆者が冒頭でこの**具体例**を挙げた意図を考えながら続きを読んでいきましょう。

着目

「イヌも歩けば棒にあたる」の具体例を通して筆者は何が言いたいのか。

② **具体例2**
“転がる石は苔《こけ》をつけない”（A rolling stone gathers no moss）はイギリスのことわざで、**たびたび転居や転職をくりかえすような人間は金持ちになれない**、の意味だ。あからさまに金をもち出すのに抵抗があったのか、**腰の落ち着かない人間は成功しない**という比喩として用いられることが多くなる。時とともに意味が変わった。

③ このことわざがアメリカへ渡って、異った風土の中でもまれていて、社会的変化が生じた。**活発に動いていれば苔などつくこともなくつねに新鮮だ**という意味である。イギリスとは反対に、転がる石を肯定している。英国のロックバンド、ローリングストーンズの名にはこのアメリカ流解釈のニュアンスがこめられた。

次は「転がる石は苔をつけない」というイギリスのことわざの**具体例**を挙げています。このことわざもイギリスでは「たびたび転居や転職をくりかえすような人間は金持ちになれない」「腰の落ち着かない人間は成功しない」という意味だったものが、アメリカに渡ってからは「活発に動いていれば苔などつくこともなくつねに新鮮だ」という、これまた正反対の意味をもつようになったというのです。

論理の整理 ②

②　具体例2　ことわざ「転がる石は苔をつけない」

イギリス……たびたび転居や転職をくりかえすような人間は金持ちになれないという意味。
腰の落ち着かない人間は成功しないという意味。

↕

③　アメリカ……活発に動いていれば苔などつくこともなくつねに新鮮だという意味。

このように、一つ目のことわざ「イヌも歩けば棒にあたる」と二つ目のことわざ「転がる石は苔をつけない」は、正反対の意味をもつようになったことわざであるという点で**対等（同等）関係**になっていることがわかります。

論理の整理 ③

①　具体例1　ことわざ「イヌも歩けば棒にあたる」

＝

③〜②　具体例2　ことわざ「転がる石は苔をつけない」

では、筆者はこの二つのことわざを通して何を述べようとしているのでしょうか。

着目 二つの具体例を通して筆者は何が言いたいのか。

④ 〝イヌも歩けば…〟も〝転がる石…〟も安定社会と流動社会とでは、ことばを用いる人たちのコンテクストがまったく違うから、その解するところが百八十度転換することをはっきりさせている。これらは、筆者の主張 **ことばの意味が表現の中に自律的に内在しているのではなく、それを用いる側が変わるにつれて変化する**、言いかえると、**意味は絶対的なものではなく、相対的なもの**であることを物語る好例としてよかろう。

この段落は先ほどの二つのことわざの**具体例**を**抽象化**しています。筆者は二つの**具体例**を通して「ことばの意味が表現の中に自律的に内在しているのではなく、それを用いる側が変わるにつれて変化する」と主張しています。そして、それをさらに「（ことばの）意味は絶対的なものではなく、相対的なものである」と言い換えて述べています。

文章全体を整理すると次のようになります。

論理の整理 文章全体

1 具体例1 イヌも歩けば棒にあたる

＝

2～3 具体例2 転がる石は苔をつけない

↓ 抽象化

4 筆者の主張

ことばの意味が表現の中に自律的に内在しているのではなく、それを用いる側が変わるにつれて変化する。

＝

ことばの意味は絶対的なものではなく、相対的なものである。

このように、この文章は**具体から抽象へと展開**した文章と言えるのです。

それでは**確認問題**へ移りましょう。

この文章で、筆者の主張が抽象化して述べられているのはどの段落か。次の①～④のうちから最も適当なものを一つ選べ。

① 第1段落　② 第2段落　③ 第3段落　④ 第4段落

この文章は「イヌも歩けば棒にあたる」（第1段落）、「転がる石は苔をつけない」（第2段落・第3段落）の**具体例**を通して述べたかったことを、第4段落で「ことばの意味が表現の中に自律的に内在しているのではなく、それを用いる側が変わるにつれて変化する」「(ことばの）意味は絶対的なものではなく、相対的なものである」と**抽象化**して述べています。したがって、解答は④。

解答　④

1 近代化の帰結として生じてきたリスクには、それ特有の困難な問題がある。原子力発電所や環境破壊の問題でも顕著《けんちょ》にみられると思うが、これらのリスクを、わたしたちが直接知覚するのは非常に困難である、という問題である。例えば、地球温暖化というリスクの場合、それを直接肌で感じる以前に、実際に計測された地球の平均気温をみることによって、認識するようになったのではないだろうか。あるいは、原子力発電所における放射能漏《も》れという問題にしても、わたしたちは漏れている放射能を直接見ることはないであろう。それゆえに*ウルリッヒ・ベックは「リスクをリスクとして「視覚化」し認識するためには、理論、実験、測定器具などの科学的な「知覚器官」が必要である」という。あるいはつぎのようにもいう。

個人的あるいは社会的な悲惨さというのは直接体験される。それに対し、文明によるリスクは捉えどころがなく、科学という知識の中で初めて意識され、第一次的経験とは直接関わりをもたない。

2 したがって、リスクは、科学的知識によって意識されてはじめてリスクとして存在するようになるのである。

（紀平知樹《きひらともき》「知識の委譲とリスク社会」による。一部省略）

㊟ *ウルリッヒ・ベック…ドイツの社会学者。

確認問題

この文章の説明として**明らかに適当ではないもの**を、次の①〜④のうちから一つ選べ。

① 1行目にある「それ特有の困難な問題」の内容は、直後の文（「原子力発電所や……という問題である」）で説明されている。

② 3行目〜4行目「地球温暖化……ではないだろうか」は、わたしたちが直接知覚するのが困難なものの具体例である。

③ 5行目〜6行目「原子力発電所……見ることはないであろう」は、その直前にある地球温暖化の具体例とは対等関係にある。

④ 10行目〜11行目「個人的あるいは……関わりをもたない」の引用文は、筆者の主張と対立する内容になっている。

□

精読練習の第3回目です。今回はリスクに関する文章です。それでは、文章の流れをていねいにたどりながら、読んでいきましょう。

1 近代化の帰結として生じてきたリスクには、それ特有の困難な問題がある。原子力発電所や環境破壊の問題でも顕著《けんちょ》にみられると思うが、**これらのリスクを、わたしたちが直接知覚するのは非常に困難である、という問題**である。

この文章は「近代化の帰結として生じてきたリスク」について述べられています。そして、そのリスクについて筆者は「それ特有の困難な問題」があると述べています。

では、「それ特有の困難な問題」とは何でしょうか。それは直後で言い換えられています。

論理の整理 1

1 近代化の帰結として生じてきたリスクには、それ特有の困難な問題がある。

＝

これらのリスクを、わたしたちが直接知覚するのは非常に困難である、という問題

まず、この関係をおさえましょう。

では、わたしたちが直接知覚することが困難なリスクとはどのようなものなのでしょうか。それをこれ以降の文章から読み取っていきましょう。

着目 直接知覚することが困難なリスクとはどのようなものなのか。

1 例えば、具体例1 地球温暖化というリスクの場合、それを直接肌で感じる以前に、実際に計測された地球の平均気温をみることによって、認識するようになったのではないだろうか。あるいは、具体例2 原子力発電所における放射能漏《も》れという問題にしても、わたしたちは漏れている放射能を直接見ることはないであろう。それゆえに 引用 ウルリッヒ・ベックは「**リスクをリスクとして「視覚化」し認識するためには、理論、実験、測定器具などの科学的な「知覚器官」が必要**である」という。

「例えば」とあるので、ここからは〈わたしたちが直接知覚することが困難なリスク〉の**具体例**になっていることがわかります。さらに、「あるいは……にしても」からわかるように**具体例**は二つ連続しています。整理するとこのようになります。

論理の整理 2

1 直接知覚することが困難なリスク

具体例1 地球温暖化……それを直接肌で感じる以前に、実際に計測された地球の平均気温をみることによって、認識する。

＝

具体例2 原子力発電所における放射能漏れ……漏れている放射能を直接見ることはない。

さらに続きを見てみると それゆえに とあり、その後にウルリッヒ・ベックの言葉の引用があります。それゆえに は**順接**（＝前後が当然だと思われるつながり）を示す接続語です。ということは、二つの**具体例**から当然導くことができるようなことをウルリッヒ・ベックが指摘していたから、筆者はこの言葉を**引用**したのです。つまり、**この引用は筆者の考えを補強するためのもの**なのです。

それでは、ここまでを整理してみましょう。

論理の整理 ③

① 近代化の帰結として生じてきたリスク

＝

直接知覚することが困難なリスク

＝

具体例1 地球温暖化……それを直接肌で感じる以前に、実際に計測された地球の平均気温をみることによって、認識する。

具体例2 原子力発電所における放射能漏れ……漏れている放射能を直接見ることはない。

因果関係

それゆえに **リスクをリスクとして「視覚化」し認識するためには、理論、実験、測定器具などの科学的な「知覚器官」が必要**である。

ウルリッヒ・ベックの言葉の引用

それでは続きへ行きましょう。

①　あるいはつぎ
のようにもいう。
引用
個人的あるいは社会的な悲惨さというのは直接体験される。それに対し、**文明によるリスクは捉えどころがなく、科学という知識の中で初めて意識され**、第一次的経験とは直接関わりをもたない。

②　したがって、**筆者の主張** **リスクは、科学的知識によって意識されてはじめてリスクとして存在するようになる**のである。

「あるいはつぎのようにも（ウルリッヒ・ベックは）いう」からわかるように、10行目~11行目は二つ目の**引用**です。そして、「それに対し」が示すように、**引用の中に対立関係が存在**しています。

そして最後に、ウルリッヒ・ベックの言葉を根拠として、筆者は自らの考えを述べています（したがってもそれゆえにと同様、**順接**を示す接続語です）。

流れを整理してみましょう。

論理の整理④

1 ウルリッヒ・ベックの言葉の引用2
個人的あるいは社会的な悲惨さというのは直接体験される。

↕

文明によるリスクは科学という知識の中で初めて意識される。

↓ 因果関係

2 したがって 筆者の主張
リスクは、科学的知識によって意識されてはじめてリスクとして存在するようになる。

このように、**引用**（ウルリッヒ・ベックの言葉）を根拠として〈近代化の帰結として生じてきたリスクは科学的知識によってはじめて知覚できるようになる〉と筆者は述べているのです。

それでは全体の流れを確認しましょう。

論理の整理　文章全体

1

近代化の帰結として生じてきたリスク

＝

直接知覚することが困難なリスク

具体例

地球温暖化

＝

原子力発電所における放射能漏れ

因果関係

ウルリッヒ・ベックの言葉の引用

❶ リスクをリスクとして「視覚化」し認識するためには、理論、実験、測定器具などの科学的な「知覚器官」が必要である。

❷ 個人的あるいは社会的な悲惨さというのは直接体験される。

↔

文明によるリスクは科学という知識の中で初めて意識される。

因果関係

②　したがって筆者の主張**リスクは、科学的知識によって意識されてはじめてリスクとして存在するようになる**。

この文章は、このような展開になっています。
では、**確認問題**へ行きましょう。

この文章の説明として**明らかに適当ではないもの**を、次の①～④のうちから一つ選べ。

選択肢を順に見ていきましょう。

①　1行目にある「それ特有の困難な問題」の内容は、直後の文（「原子力発電所や……という問題である」）で説明されている。

「論理の整理」で見たように、「それ特有の困難な問題」はその直後で「これらのリスクを、わたしたちが直接知覚するのは非常に困難である、という問題」と説明されています。したがって、これは本文の説明として正しいです。

② 3行目～4行目「地球温暖化……ではないだろうか」は、わたしたちが直接知覚するのが困難なものの具体例である。

これも「論理の整理」で見たとおりです。筆者はわたしたちが直接知覚できないリスクの**具体例**の一つ目として「地球温暖化」を挙げています。したがって、これも本文の説明として正しいです。

③ 5行目～6行目「原子力発電所……見ることはないであろう」は、その直前にある地球温暖化の具体例とは対等関係にある。

〈原子力発電所からの放射能漏れ〉は、わたしたちが直接知覚できないリスクの**具体例**の二つ目です。ということは一つ目の**具体例**である「地球温暖化」とは**対等（同等）関係**と言えます。したがって、これも本文の説明として正しいです。

④ 10行目～11行目「個人的あるいは……関わりをもたない」の引用文は、筆者の主張と対立する内容になっている。

ウルリッヒ・ベックのこの言葉は、一つ目の**引用**「リスクをリスクとして「視覚化」し認識するためには、理論、実験、測定器具などの科学的な「知覚器官」が必要である」(6～7行目)と同じく、**筆者の主張を補強するために引用**されています。ということは、筆者の主張と**対立関係**にはありません。したがって、これは本文の説明として明らかに誤っています。

解答 ④

権威に対する*盲信《もうしん》は人間の最もおちいりやすいものであり、われわれはこれに対してはできるだけ注意しなければなりませんが、とくにわれわれ東洋人はこの点十分*自戒《じかい》すべきだと思われます。なぜなら東洋には昔から師祖を尊崇《そんすう》するという伝統があるからです。むろん師祖を尊崇すること自体は何も悪いことではないでしょうが、このことは師祖の思想そのものを絶対視するようになる危険性を含むものであるといえましょう。東洋では釈迦《しゃか》とか孔子《こうし》などの場合を考えても分かるように、後世の人はたとえ自分で考えたことであっても、それをこれらの師祖と結びつけて、師祖の思想の真義はこういうものであったというように説こうとします。自分というものを押し出さず、むしろ自分をうしろにかくして、できるだけ師祖の権威を表面に出そうとします。西洋の場合でも宗教的な領域ではこういう現象が見られますが、通常の思想の場合には、あくまでも個人々々が前の時代の思想を乗り越えて新しい思想を打ち立てようとします。ここに東洋と西洋との大きな相違があります。師祖を尊崇するということになれているわれわれは、この点で権威を盲信するという危険性を、西洋人の場合に比べてより多く持っているといえるのではないでしょうか。

（岩崎武雄《いわさきたけお》『正しく考えるために』による）

㊟
*盲信…よく考えもしないで、むやみに信じること。
*自戒…自分で自分に注意して、間違いのないようにつつしむこと。

確認問題

次のA～Dに示された内容は、あとの①～④のどの説明に該当するか。最も適当なものを、それぞれ一つ選べ。同じ記号を二回以上用いてはならない。

A　師祖の権威に頼る傾向は西洋人には見られない。
B　権威主義におちいる者は現代では減少傾向にある。
C　師祖を尊崇することは悪いことではない。
D　権威に対する盲信は、東洋人はとくに注意すべきである。

①　本文において筆者が最も主張したいことがらであり、論旨となる内容である。
②　本文で述べられてはいるが、筆者が強く主張したい内容ではない。
③　本文と矛盾する内容である。
④　本文では述べられていない内容である。

A	B	C	D

精読練習もこれで第4回目です。**文章を筋道立てて読むこと**に慣れてきましたか。今回は権威に関する文章を読んでいくことにしましょう。

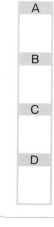

権威に対する盲信《もうしん》は人間の最もおちいりやすいものであり、われわれはこれに対してはできるだけ注意しなければなりませんが、筆者の主張 **とくにわれわれ東洋人はこの点十分自戒《じかい》すべき**だと思われます。理由 なぜなら**東洋には昔から師祖を尊崇《そんすう》するという伝統がある**からです。

権威を盲信することの危険性について述べた文章です。筆者は、〈**とくに東洋人は権威に対する盲信を自戒すべきだ**〉と考えています。そして、その**理由**を「東洋には昔から師祖を尊崇するという伝統があるから」だと考えています。

では、どうして師祖を尊崇する伝統が、権威の盲信につながるのでしょうか。この点を意識しながら読んでいきましょう。

着目

師祖を尊崇する伝統が、どうして権威の盲信につながるのか。

むろん師祖を尊崇すること自体は何も悪いことではないでしょうが、このことは**師祖の思想そのものを絶対視するようになる危険性を含む**ものであるといえましょう。

「むろん……が、……」は**譲歩**の流れです。

筆者は〈むろん師祖を尊崇することは悪いことではない〉と認めています。しかし、重要なのは「が」以降です。

筆者は〈師祖を尊崇する→師祖の思想を絶対視することになる〉と述べています。

それでは、ここまでの部分を整理してみましょう。

論理の整理 1

筆者の主張
権威に対する盲信は人間の最もおちいりやすいものであり、とくに東洋人はこの点十分自戒すべきである。

理由
なぜなら東洋には昔から師祖を尊崇するという伝統があるから。

譲歩
むろん師祖を尊崇すること自体は何も悪いことではない。

⇔

が、師祖の思想そのものを絶対視するようになる危険性を含む。

前半はこのような流れになっています。

それでは後半へ行きましょう。

具体例

東洋では釈迦《しゃか》とか孔子《こうし》などの場合を考えても分かるように、後世の人はたとえ自分で考えたことであっても、それをこれらの師祖と結びつけて、師祖の思想の真義はこういうものであったというように説こうとします。**自分というものを押し出さず、むしろ自分をうしろにかくして、できるだけ師祖の権威を表面に出そうとします**。**西洋**の場合でも宗教的な領域ではこういう現象が見られますが、通常の思想の場合には、あくまでも**個人々々が前の時代の思想を乗り越えて新しい思想を打ち立てようとします**。ここに**東洋**と**西洋**との大きな相違があります。

筆者の主張

師祖を尊崇するということになれているわれわれは、この点で権威を盲信するという危険性を、西洋人の場合に比べてより多く持っているといえるのではないでしょうか。

ここでは、〈師祖の権威を表面に出そうとする東洋人〉と〈個人々々が前の時代の思想を乗り越えて新しい思想を打ち立てようとする西洋人〉の相違が述べられています。そして、この流れを受けて筆者は最後に「師祖を尊崇するということになれているわれわれ（＝東洋人）は、この点で権威を盲信するという危険性を、「西洋人の場合に比べてより多く持っているといえる」と再度述べています。整理してみましょう。

論理の整理②

東洋人……（釈迦や孔子などの場合を考えても分かるように）**自分を出さず、むしろ自分をうしろにかくして、できるだけ師祖の権威を表面に出そうとする。**

↕

西洋人……（宗教的な領域では師祖の権威を表面に出そうとする現象は見られるが、通常の場合は）**個人々々が前の時代の思想を乗り越えて新しい思想を打ち立てようとする。**

←

筆者の主張

師祖を尊崇するということになれている東洋人は、この点で権威を盲信するという危険性を、西洋人の場合に比べてより多く持っているといえる。

では、次のページで、全体を整理してみましょう。

論理の整理 文章全体

筆者の主張
権威に対する盲信は人間の最もおちいりやすいものであり、とくに東洋人はこの点十分自戒すべきである。

↑

理由
なぜなら東洋には昔から師祖を尊崇するという伝統があるから。

↑

譲歩
むろん師祖を尊崇すること自体は何も悪いことではない。

⇔

が、師祖の思想そのものを絶対視するようになる危険性を含む。

↑

東洋人……（釈迦や孔子などの場合を考えても分かるように）
自分を出さず、むしろ自分をうしろにかくして、できるだけ師祖の権威を表面に出そうとする。

⇔

西洋人……（宗教的な領域では師祖の権威を表面に出そうとする現象は見られるが、通常の場合は）
個人々々が前の時代の思想を乗り越えて新しい思想を打ち立てようとする。

筆者の主張

師祖を尊崇するということになれている東洋人は、この点で権威を盲信するという危険性を、西洋人の場合に比べてより多く持っているといえる。

この文章は、このような流れになっています。

それでは、確認問題へ行きましょう。

次のA～Dに示された内容は、あとの①～④のどの説明に該当するか。最も適当なものを、それぞれ一つ選べ。同じ記号を二回以上用いてはならない。

A～Dを順に検討していきます。

A　師祖の権威に頼る傾向は西洋人には見られない。

8行目に「西洋の場合でも宗教的な領域ではこういう現象（＝師祖の権威を表面に出そうとする）が見られますが」とあることから、師祖の権威を表面に出すことは西洋でも見られると筆者は述べています。したがって、解答は③。

B　権威主義におちいる者は現代では減少傾向にある。

権威主義におちいる傾向が現代においてどうなっているのかについては、この文章でいっさい述べられていません。したがって、解答は④。

C　師祖を尊崇することは悪いことではない。

3行目で「むろん師祖を尊崇すること自体は何も悪いことではないでしょうが」とありますが、これは**譲歩**の部分であって、この部分で筆者が主張したいのはそのあとの「このことは師祖の思想そのものを絶対視するようになる危険性を含むものであるといえましょう」のほうです。ということは、これは本文中で述べられてはいるものの、筆者が強く主張したい内容とは言えません。したがって、解答は②。

D　権威に対する盲信は、東洋人はとくに注意すべきである。

「論理の整理」でも見たように、これがまさに本文を通した筆者の主張です。したがって、解答は①。

解答　A ③　B ④　C ②　D ①

1 啐啄《そったく》の機ということばがある。

2 得がたい好機の意味で使われる。比喩であって、もとは、親鶏《おやどり》が孵化《ふか》しようとしている卵を外からつついてやる（啄）、それと卵の中から殻を破ろうとする（啐）のとが、ぴったり呼吸の合うことをいったもののようである。

3 もし、卵が孵化しようとしているのに親鶏のつつきが遅れれば、中で雛《ひな》は窒息してしまう。逆に、つつくのが早すぎれば、まだ雛になる準備のできていないのが生まれてくるわけで、これまた死んでしまうほかはない。

4 早すぎず遅すぎず。まさにこのとき、というタイミングが啐啄の機である。自然の摂理はおどろくべきほど精巧らしいから、ほかにもいろいろな形で啐啄の機に相当するものがあるに違いないが、孵《かえ》る卵はもっとも劇的なものといってよかろう。

5 われわれの頭に浮かぶ考えも、その初めはいわば卵のようなものである。そのままでは雛にもならないし、飛ぶこともできない。温めて孵るのを待つ。

6 時間をかけて温める必要がある。だからといって、いつまでも温めていればよいというわけでもない。あまり長く放っておけばせっかくの卵も腐ってしまう。また反対に、孵化を急ぐようなことがあれば、未熟卵として生まれ、たちまち生命を失ってしまう。

7 ちょうどよい時に、卵を外からつついてやると、雛になる。たんなる思いつきも、まとまった思考の雛として生まれかわる。

（外《と》山《やま》滋《しげ》比古《ひこ》『知的創造のヒント』による）

確認問題

次のA～Dに示された内容が本文と合致する場合は①、合致しない場合は②、判定できない（述べられていない）場合は③と答えよ。

A 「啐啄の機」は、絶妙のタイミングという意味で使用される言葉である。

B 「啐啄の機」の教訓は、生活のあらゆる場面で広く応用すべきである。

C 新しい考えが頭に浮かんだときは、できるだけ早く形にするほうがよい。

D 時間をかけて温めたアイディアは、偉大な発明につながることがある。

A	B	C	D

第5回目の今回は「啐啄の機」という、あまり耳慣れない言葉をめぐる文章です。でも、**ていねいに筋道をたどっていけば、筆者が最終的に何を主張したいのかはつかめる**はずです。しっかり読んでいきましょう。

1 **啐啄《そったく》の機**ということばがある。

2 **得がたい好機の意味で使われる**。比喩であって、もとは、親鶏《おやどり》が孵化《ふか》しようとしている卵を外からつ

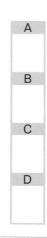

ついてやる（啄）、それと卵の中から殻を破ろうとする（啐）のとが、ぴったり呼吸の合うことをいったもののようである。

[3] もし、卵が孵化しようとしているのに親鶏のつつきが遅れれば、中で雛《ひな》は窒息してしまう。逆に、つつくのが早すぎれば、まだ雛になる準備のできていないのが生まれてくるわけで、これまた死んでしまうほかはない。

[4] **早すぎず遅すぎず。まさにこのとき、というタイミングが啐啄の機である**。自然の摂理はおどろくべきほど精巧らしいから、ほかにもいろいろな形で啐啄の機に相当するものがあるに違いないが、孵《かえ》る卵はもっとも劇的なものといってよかろう。

まず「啐啄の機」という言葉の説明から始まっています。孵化しようとしている卵を親鶏が外からつつくことと卵の中から殻を破ろうとすることがぴったり合うことから、〈**早すぎず遅すぎない絶妙のタイミング、得がたい好機**〉を意味する言葉のようです。

論理の整理 ◇1

4〜1

啐啄の機

＝

早すぎず遅すぎない絶妙のタイミング、得がたい好機

では、筆者はどうしてこの言葉を取り上げたのでしょうか。それを意識しながら、続きを読んでいきましょう。

着目

「啐啄の機」という言葉を通して、筆者は何が言いたいのか。

5 **われわれの頭に浮かぶ考え**も、その初めはいわば卵のようなものである。

「ような」が示すように、この文には**たとえ（比喩）**が使われています。

論理の整理 2

5 われわれの頭に浮かぶ（初めの）考え
＝
たとえ（比喩）
卵

このように、筆者は「われわれの頭に浮かぶ（初めの）考え」を「卵」にたとえています。**たとえたということは、両者には何らかの共通点があるはずです。**

では、両者にはどのような**共通点**があるのでしょうか。続きへ行きましょう。

着目
「われわれの頭に浮かぶ（初めの）考え」と「卵」の共通点は何か。

5 そのままでは雛にもならないし、飛ぶこともできない。温めて孵るのを待つ。

⑥ **共通点❶** 時間をかけて温める必要がある。だからといって、いつまでも温めていればよいというわけでもない。あまり長く放っておけばせっかくの卵も腐ってしまう。また反対に、**共通点❷** 孵化を急ぐようなことがあれば、未熟卵として生まれ、たちまち生命を失ってしまう。

⑦ **筆者の主張** **ちょうどよい時に、卵を外からつついてやると、雛になる。たんなる思いつきも、まとまった思考の雛として生まれかわる。**

この部分で「われわれの頭に浮かぶ（初めの）考え」と「卵」との**共通点**が明らかになります。それは以下の二点です。

着目

❶ 時間をかけて温めないといけない。しかし、あまり長く放っておけばダメになってしまう。

❷ 急ぐと未熟なままで出てくることになり、ダメになる。

そして最後に筆者は「ちょうどよい時に、卵を外からつついてやると、雛になる。たんなる思いつきも、まとまった思考の雛として生まれかわる（つまり、タイミングが重要である）」と主張しています。筆者はこの主張をするために冒頭で「啐啄の機」という言葉を紹介したのです。

それでは、文章全体を整理してみます。

論理の整理　文章全体

④〜①

啐啄の機……親鶏が孵化しようとしている卵を外からつつくことと卵の中から殻を破ろうとすることがぴったり合うこと。

＝

早すぎず遅すぎずの絶妙のタイミング・またとない好機という意味。

⑤

たとえ（比喩）

われわれの頭に浮かぶ考えも、その初めは**卵**のようなものである。

⑥

共通点

❶ 時間をかけて温めないといけない。しかし、あまり長く放っておけばダメになってしまう。

❷ 急ぐと未熟なままで出てくることになり、ダメになる。

⑦

筆者の主張

ちょうどよい時に、卵を外からつついてやると、雛になる。たんなる思いつきも、まとまった思考の雛として生まれかわる。（つまり、タイミングが重要である）

この文章は、このような流れになっています。

それでは **確認問題** へ行きましょう。

次のA〜Dに示された内容が本文と合致する場合は①、合致しない場合は②、判定できない（述べられていない）場合は③と答えよ。

A〜Dを順番に検討していきます。

A　「啐啄の機」は、絶妙のタイミングという意味で使用される言葉である。

「論理の整理」で見たように、「啐啄の機」とは「早すぎず遅すぎず。まさにこのとき、というタイミング」を意味する言葉です。ということは、この選択肢は本文に合致します。したがって、解答は①。

B　「啐啄の機」の教訓は、生活のあらゆる場面で広く応用すべきである。

「生活のあらゆる場面で広く応用すべき」ということを筆者はこの文章で主張していません。したがって、解答は③。

C　新しい考えが頭に浮かんだときは、できるだけ早く形にするほうがよい。

「できるだけ早く形にするほうがよい」が本文と矛盾します。筆者は絶妙のタイミングが大切だと考えています。したがって、解答は②。

D　時間をかけて温めたアイディアは、偉大な発明につながることがある。

この文で述べられているような事例は世の中に多くあると思いますが、この文章の中で筆者はこういった主張はしていません。したがって、解答は③。

解答　A ①　B ③　C ②　D ③

[1] ほとんどの人は自分を基点とし、自分の目のある位置から周囲を見ている。見たり聞いたりすることによって知覚するのはその人自身なのだから、当然のことである。その見方で見ると、人間が立っている地球は動かず、天体が動いているように見える。見える通りに見ればそう見えるから天動説は素直な見方だが、見えるままに見る素直さが物を正しく見ることにはならない。

[2] 複複線の鉄道で二台の列車が並行して、同じ方向に向かって走っている。それを線路の外から見ると、速度の速い列車が遅い列車を追い越して行く。ところが二台の列車のどちらかの乗客になれば見え方は変わる。私の乗っている列車が速度を上げると、並走する列車は進行方向と逆方向に後じさりしているように見える。限られた場所から当事者として見るのと、広い視野に立って客観的に見るのとでは物の見え方がまったく違う。

[3] 落語の『釜《かま》どろ』は、物の見え方について興味深い示唆《しさ》を与えてくれる。豆腐屋が職業用の大釜を盗まれた。新調した大釜がまた盗まれるといけないので、その晩から豆腐屋は用心のため釜の中で寝ることにした。泥棒がまた夜中に豆腐屋に忍びこみ、中に豆腐屋が寝ているとは知らず釜を盗み出した。泥棒は途中で釜の中の様子が変なのに気づき、野原に釜を捨てて逃げる。釜の中で目を覚ました豆腐屋が中から蓋《ふた》を押し開けると、頭上に星空が見える。「しまった。今度は家を盗まれた」。

[4] 異常は自分の方にあるのに、その自覚がなければ、正常な周囲が異常に見える。周囲が異常に見えるとき、周囲は正常で、異常は自分のほうにあるのかもしれない。しかし、人はおおむね自己本位で、間違っているのは自分だと思いたくないから、異常であるのは周囲のほうだと考えがちである。

（織田《おだ》正吉《しょうきち》『笑いのこころ　ユーモアのセンス』による。一部省略）

確認問題

この文章の第1～4段落の説明として最も適当なものを、次の①～④のうちから一つ選べ。

① 第1段落には、筆者の考えを明確に示す記述は含まれていない。
② 第2段落には、第1段落とはまったく異なる論点が提示されている。
③ 第3段落には、第2段落と対立する具体例が挙げられている。
④ 第4段落には、第3段落の内容を抽象化した記述が含まれている。

精読練習も今回で第6回目です。文章が少し長くなってきていますが、やるべきことは同じです。**筆者は何を言いたいのか**、そして それを**どのような筋道で伝えようとしているのか**を常に意識しながら読んでいきましょう。

1　ほとんどの人は自分を基点とし、自分の目のある位置から周囲を見ている。見たり聞いたりすることによって知覚するのはその人自身なのだから、当然のことである。その見方で見ると、人間が立っている地球は動かず、天体が動いているように見える。見える通りに見ればそう見えるから天動説は素直な見方だが、筆者の主張 **見えるままに見る素直さが物を正しく見ることにはならない**。

冒頭に「ほとんどの人は自分を基点とし、自分の目のある位置から周囲を見ている」とあります。ここから考えて、この文章の**テーマ**は「人の物の見方について」であることがわかります。人は物を見るとき、自分を基点とします。ということは、自分が立っている地球が動くのではなく天体が動いているように見えるのは、当然のことなのです。とはいえ、**〈見えるままに見ることが物を正しく見ることにはならない〉**と筆者は述べています。

では、この主張を受けて文章はどのように展開するのでしょうか。続きを読んでいきましょう。

着目

〈見えるままに見ることが物を正しく見ることにはならない〉という筆者の主張を受けて、文章はどのように展開するのか。

②

たとえ（比喩）

複複線の鉄道で二台の列車が並行して、同じ方向に向かって走っている。それを線路の外から見ると、速度の速い列車が遅い列車を追い越して行く。ところが二台の列車のどちらかの乗客になれば見え方は変わる。私の乗っている列車が速度を上げると、並走する列車は進行方向と逆方向に後じさりしているように見える。**限られた場所から当事者として見るのと、広い視野に立って客観的に見るのとでは物の見え方がまったく違う**。

この段落は鉄道の話になっています。これは**たとえ（比喩）**です。〈列車の走行を外部から見るのと、どちらかの列車の乗客になって見るのとでは、物の見え方がまったく違う〉と述べられています。このように「限られた場所から当事者として見るのと、広い視野に立って客観的に見るのとでは物の見え方がまったく違う」のです。言い換えれば、〈**自分が置かれている立場によって物の見え方は違ってくる**〉のです。列車の**たとえ（比喩）**はそのことを説明しています。

論理の整理 1

1 筆者の主張
見えるままに見ることが物を正しく見ることにはならない。

＝

2 たとえ（比喩）
列車の話
列車の走行を外部から見るのと、どちらかの列車の乗客になって見るのとでは、物の見え方がまったく違う。

＝

限られた場所から当事者として見るのと、広い視野に立って客観的に見るのとでは物の見え方がまったく違う。（自分の置かれている立場によって物の見え方は違う）

さらに続きへ行きましょう。

③ 具体例 落語の『釜《かま》どろ』は、物の見え方について興味深い示唆《しさ》を与えてくれる。豆腐屋が職業用の大釜を盗まれた。新調した大釜がまた盗まれるといけないので、その晩から豆腐屋は用心のため釜の中で寝ることにした。泥棒がまた夜中に豆腐屋に忍びこみ、中に豆腐屋が寝ているとは知らず釜を盗み出した。泥棒は途中で釜の中の様子が変なのに気づき、野原に釜を捨てて逃げる。釜の中で目を覚ました豆腐屋が中から蓋《ふた》を押し開けると、頭上に星空が見える。「しまった。今度は家を盗まれた」。

この段落は落語の**具体例**です。〈盗まれたのは自分が入っていた釜のほうなのに、豆腐屋は自分の家が盗まれたように見てしまった〉という内容です。つまり、豆腐屋は誤った見方をしてしまったという話です。

では、この**具体例**は何を伝えるものなのでしょうか。最終段落を見てみましょう。

④ **異常は自分の方にあるのに、その自覚がなければ、正常な周囲が異常に見える**。周囲が異常に見えるとき、周囲は正常で、異常は自分のほうにあるのかもしれない。しかし、人はおおむね自己本位で、間違っているのは自分だと思いたくないから、異常であるのは周囲のほうだと考えがちである。

ここでは豆腐屋の**具体例**を**抽象化**して「異常は自分の方にあるのに、その自覚がなければ、正常な周囲が異常に見える」と主張しています。そして「から」が示すように、そのようなことになる**理由**を人は「間違っているのは自分だと思いたくないから」だと筆者は考えています。

それでは、第③段落からの流れを整理してみます。

論理の整理 ②

③ 具体例
落語『釜どろ』
盗まれたのは自分の入っていた釜なのに、豆腐屋には自分の家が盗まれたように見えた。

抽象化

④
異常は自分の方にあるのに、その自覚がなければ、正常な周囲が異常に見える。
理由
人は間違っているのは自分だと思いたくないから。

こういう流れになっています。

それでは文章全体を整理してみましょう。

論理の整理 文章全体

1
筆者の主張
見えるままに見ることが物を正しく見ることにはならない。

＝

2
たとえ（比喩）
列車の話
列車の走行を外部から見るのと、どちらかの列車の乗客になって見るのとでは、物の見え方がまったく違う。

＝

限られた場所から当事者として見るのと、広い視野に立って客観的に見るのとでは物の見え方がまったく違う。（自分の置かれている立場によって物の見え方は違う）

←

3
具体例
落語『釜どろ』
盗まれたのは自分の入っていた釜なのに、豆腐屋には自分の家が盗まれたように見えた。

← 抽象化

4
異常は自分の方にあるのに、その自覚がなければ、正常な周囲が異常に見える。
理由
人は間違っているのは自分だと思いたくないから。

この文章はこのような展開になっています。
それでは **確認問題** へ行きましょう。

この文章の第1～4段落の説明として最も適当なものを、次の①～④のうちから一つ選べ。

選択肢を順番に検討していきます。

① 第1段落には、筆者の考えを明確に示す記述は含まれていない。

4行目「……見えるままに見る素直さが物を正しく見ることにはならない」は、物の見方に対する筆者の主張です。したがって、不正解です。

② 第2段落には、第1段落とはまったく異なる論点が提示されている。

この段落は筆者の主張を列車の**たとえ（比喩）**を用いて説明している段落であって、論点そのものは変わっていません。したがって、不正解です。

③　第3段落には、第2段落と対立する具体例が挙げられている。

この段落の**具体例**は、第2段落とともに**筆者の主張に説得力をもたせる（主張を補強する）**ためのもので、二つの段落は**対立関係**にはなっていません。したがって、不正解です。

④　第4段落には、第3段落の内容を抽象化した記述が含まれている。

この段落の冒頭の「異常は自分の方にあるのに、その自覚がなければ、正常な周囲が異常に見える」は、第3段落を**抽象化**した記述です。したがって、これが正解です。

解答　④

1 日本語については、とかく、主語がはっきりしなくてあいまいだとか、述語が最後にくるので言いたいことが分からないとか、あれやこれやと議論が絶えない。だが私は、日ごろからそれらを、的外れもはなはだしい擬似問題だと思っている。それどころか、そのように問題とされるところにこそ、日本語の最も論理的な部分があるとさえ考えているのである。

2 唐突な質問ではあるけれど、手紙の宛名《あてな》の書き方は、はたして日本流と西洋流とどちらがすぐれているだろうか。そう、私たちは「○○県」「○○市」「○○町」「○丁目」「○番地」という形で、大きなカテゴリーから次第に小さなものへと限定し、最後に個人の名前をもってくるが、西洋ではこれが逆になるというあの書き方である。いかがだろう。私は、まぎれもなく日本流が理にかなっていると感じるし、そのことは、実は、多くのフランスの友人たちも認めているところなのだ。

3 日本語の主語・述語と呼ばれるものの働きは、まさにこの宛名書きの形式に一致する。ためしに、主語をめぐる議論で有名になった「象は鼻が長い」の一文を考えてみよう。そもそも日本語に主語という概念がふさわしいかどうかも検討せずに、「象は」が主語か「鼻が」が主語か、など論じることはやめにして、今は、この表現の論理展開だけに注目していただきたい。まずこの表現は、「象は」と言って、語るべき主題を提示し、さらにこの主題のなかで「鼻」を限定することによって、順次、その内実を語っていく。つまり、日本語の論理のプロセスも、基本は宛名書きと同じく、大きなカテゴリーから次第に小さなものへと絞りこんでいくスタイルなのである。

4 こうした日本語の発想は、すぐれて「探索的」かつ「発見的」なものとなる。なぜならそれは、私たちの内部で初めは漠然としていたものが、次第に明らかになっていくプロセスを正確にたどっているからだ。当初は何もないところで、にわかに一つの意味が姿をとり始める。それを私たちは「〜は」という表現により、かなり大ざっぱな一領域として設定する。そしてこの領域がひとたび決まれば、今度はそこに「〜が」という表現があらわれてその領域をさらに細かく限定する。この限定されたものは、さらに次の表現によって限定され、それはまた……と続いて以下同文。最後には、見事に＊彫琢《ちょうたく》された結論が得られるというわけである。

（加賀野《かがの》井《い》秀一《しゅういち》『日本語は進化する』による）

㊟ ＊彫琢…玉を彫り磨くこと。転じて、文章をよく考えて美しく仕上げること。

確認問題

この文章の第1〜4段落の説明として最も適当なものを、次の①〜④のうちから一つ選べ。

① 第1段落では、日本語に関して世間一般で考えられていることと筆者の主張が対立的に述べられている。

② 第2段落で手紙の宛名の書き方の話を持ち出したのは、第1段落とは異なる論点に導くためである。

③ 第3段落は、「象は鼻が長い」を例に挙げることで日本語は主語が確定しにくい言語であると強調している。

④ 第4段落は、第3段落までの内容の具体例をさらに挙げることで、筆者の考えに説得力をもたせている。

□

文章精読の練習も残すはあと2回です。今回は日本語に関する文章です。いつもどおり**ていねいに筋道をたどって、筆者の主張を把握**しましょう。

① 日本語については、とかく、主語がはっきりしなくてあいまいだとか、述語が最後にくるので言いたいことが分からないとか、あれやこれやと議論が絶えない。だが**私は、日ごろからそれらを、的外れもはなはだしい擬似問題だと思っている**。それどころか、**そのように問題とされるところにこそ、日本語の最も論理的な部分があるとさえ考えている**のである。

筆者の主張

筆者の主張

冒頭の文にあるように、日本語は「主語がはっきりしなくてあいまいだ」「述語が最後にくるので言いたいことが分からない」と批判されることがよくあります。これらは**一般論**です。この**一般論**に対して、筆者はだがのあとで「的外れもはなはだしい」と否定しています。つまり、**世間一般でよく言われる批判に対して、筆者は真っ向から対立する意見を述べている**のです。さらに「それどころか、そのように問題とされるところにこそ、日本語の最も論理的な部分がある」とも述べています。

論理の整理 1

1 **一般論** 日本語は主語がはっきりしていなくてあいまい。述語が最後にくるので言いたいことが分からない。

筆者の主張 **（一般論は）的外れもはなはだしい**。それどころか**問題とされるところに、日本語の最も論理的な部分がある**。

それでは、筆者の考える「日本語の最も論理的な部分」とは何なのでしょうか。続きへ行きましょう。

着目 筆者の考える「日本語の最も論理的な部分」とは何か。

2 唐突な質問ではあるけれど、**手紙の宛名《あてな》の書き方**は、はたして日本流と西洋流とどちらがすぐれているだろうか。そう、私たちは「〇〇県」「〇〇市」「〇〇町」「〇丁目」「〇番地」という形で、大きなカテゴリーから次第に小さなものへと限定し、最後に個人の名前をもってくるが、西洋ではこれが逆になるというあの書き方である。いかがだろう。**私は、まぎれもなく日本流が理にかなっている**と感じるし、そのことは、実は、多くのフランスの友人たちも認めているところなのだ。

・・・

ここで突如として、話題が大きく転換します。日本語について述べていた文章が「**手紙の宛名の書き方**」になったのです。

日本流の手紙の宛名の書き方は「〇〇県」から始まって「〇番地」というように**大きなカテゴリーから次第に小さなものになっていき**、最後に個人の名前がきます。日本流は西洋流のまったく逆なのです。そして、筆者は日本流を〈理にかなったものだ〉と評価しています。この点は容易に把握できるでしょう。

しかし、この宛名書きの話が第①段落の日本語の話とどのようにつながっているのかがこの段階ではわかりません。また、日本流の宛名書きがどうして理にかなっているのかもわかりません。

そのため、これから先は次の三点を意識しながら読んでいく必要があります。

着目

❶ 筆者の考える「日本語の最も論理的な部分」とは何か。
❷ 日本の手紙の宛名書きの話は、第①段落の日本語の話とどう関連するのか。
❸ 日本の手紙の宛名書きの形式は、どうして理にかなっていると言えるのか。

それでは、続きへ行きましょう。

③ **日本語の主語・述語と呼ばれるものの働きは、まさにこの宛名書きの形式に一致する。** 具体例 ためしに、主語をめぐる議論で有名になった「象は鼻が長い」の一文を考えてみよう。そもそも日本語に主語という概念がふさわしいかどうかも検討せずに、「象は」が主語か「鼻が」が主語か、など論じることはやめにして、今は、この表現の論理展開だけに注目していただきたい。まずこの表現は、「象は」と言って、語るべき主題を提示し、さらにこの主題のなかで「鼻」を限定することによって、順次、その内実を語っていく。つまり、**日本語の論理のプロセスも、基本は宛名書きと同じく、大きなカテゴリーから次第に小さなものへと絞りこんでいくスタイル**なのである。

ここで再び、話題が日本語に戻っています。冒頭の一文に注目しましょう。筆者は〈**日本流の手紙の宛名の書き方は、日本語の主語・述語の働きと同じである**〉と述べています。

ということは、

論理の整理 ◇2

2 日本流の手紙の宛名の書き方

＝

3 日本語の主語・述語の働き

という関係になっていることになります。手紙の宛名の書き方の話をもってきたのは、論点を変えるためではなく、日本語の論理との**共通点**を指摘したかったからなのです。

では、どういう点で共通するのでしょうか。

それは、**大きなカテゴリーから小さなものへと絞りこんでいくというプロセス**です。その**具体例**が「象は鼻が長い」の一文です。まず「象は」と言うことでこの文が「象」についてのものであることを提示し、次いで「鼻が」をもってくることで「象の鼻」に限定した文であることを示し、最後に「長い」で「象の鼻」の特徴を述べているのです。たしかに大きなカテゴリーを次第に小さなものに絞るというスタイルになっています。

このように、両者は大きなカテゴリーから次第に小さなものへと絞りこんでいくスタイルをもっているという点で**対等（同等）関係**なのです。

論理の整理 3

2 日本流の手紙の宛名の書き方

＝ 共通点 大きなカテゴリーから小さなものへと絞りこんでいく。

3 日本語の主語・述語の働き

話はつながりました。これで、先ほどの❷「日本の手紙の宛名書きの話は、第1段落の日本語の話とどう関連するのか。」は解決しました。

しかし、先ほどの❶「筆者の考える『日本語の最も論理的な部分』とは何か。」・❸「日本の手紙の宛名書きの形式は、どうして理にかなっていると言えるのか。」の疑問がまだ解決されていません。

すでに見てきたように、筆者は「日本語の主語・述語の働き」も「日本流の手紙の宛名の書き方」も肯定的に考えています。それは、大きなカテゴリーから小さなものへと絞りこんでいくスタイルをとっているからです。

それでは、**このスタイルのどういう点を肯定しているのでしょうか。**

この点を意識しながら、続きの文章へ行きましょう。

着目

日本語と日本の手紙の宛名書きに見られる、大きなカテゴリーから次第に小さなものへと絞りこんでいくスタイルのどういう点を筆者は評価しているのか。

④ **こうした日本語の発想は、すぐれて「探索的」かつ「発見的」なものとなる**。なぜならそれは、理由 **私たちの内部で初めは漠然としていたものが、次第に明らかになっていくプロセスを正確にたどっている**からだ。当初は何もないところで、にわかに一つの意味が姿をとり始める。それを私たちは「〜は」という表現により、かなり大ざっぱな一領域として設定する。そしてこの領域がひとたび決まれば、今度はそこに「〜が」という表現があらわれてその領域をさらに細かく限定する。この限定されたものは、さらに次の表現によって限定され、それはまた……と続いて以下同文。最後には、**見事に彫琢《ちょうたく》された結論が得られる**というわけである。

冒頭の「こうした日本語の発想」は〈大きなカテゴリーから次第に小さなものへと絞りこんでいくという日本語の発想〉を指します。そして、筆者はそのような日本語の発想は「**探索的**」「**発見的**」なものになると考えています。では、どうしてそうなるのでしょうか。その**理由**を筆者はなぜなら以下で説明しています。整理してみましょう。

論理の整理④

④ **大きなカテゴリーから次第に小さなものへと絞りこんでいく日本語のスタイル（発想）は「探索的」「発見的」なものとなる。**

理由
・初めは漠然としていたものが、次第に明らかになっていくプロセスを正確にたどっているから。
・最後には、見事に彫琢された結論が得られるから。

初めは漠然としていたものが次第に明らかになっていくプロセスを正確にたどっていき、最後には見事に彫琢された結論が得られる――まさに「**探索的**」「**発見的**」スタイルになっているのが日本語なのです。このような確固たるスタイルをもっているため、日本語の論理のプロセスや日本流の手紙の宛名書きを肯定的に評価しているのです。これで❶「筆者の考える『日本語の最も論理的な部分』とは何か。」、❸「日本の手紙の宛名書きの形式は、どうして理にかなっていると言えるのか。」も解決しました。そして、筆者はこのように考えているからこそ、冒頭にあった「（日本語は）主語がはっきりしなくてあいまいだ」「述語が最後にくるので言いたいことが分からない」などといった批判に対して「的外れもはなはだしい」と述べたのです。

それでは、文章全体を整理しましょう。

論理の整理 文章全体

1

一般論
日本語は主語がはっきりしていなくてあいまい。
述語が最後にくるので言いたいことが分からない。

⇔

筆者の主張
（一般論は）的外れもはなはだしい。
それどころか問題とされるところに、日本語の最も論理的な部分がある。

2
日本流の手紙の宛名の書き方……大きなカテゴリーから次第に小さなものへと限定し、最後に個人の名前をもってくる。

＝

3
日本語の主語・述語の働き……大きなカテゴリーから次第に小さなものへと絞りこんでいくスタイルである。
（日本語の論理のプロセス）
例 「象は鼻が長い」

⇐

4
大きなカテゴリーから次第に小さなものへと絞りこんでいく日本語のスタイル（発想）は「探索的」「発見的」なものとなる。

理由
・初めは漠然としていたものが、次第に明らかになっていくプロセスを正確にたどっているから。
・最後には、見事に彫琢された結論が得られるから。

この文章はこのような筋道になっています。
それでは、**確認問題** へ移りましょう。

この文章の第1～4段落の説明として最も適当なものを、次の①～④のうちから一つ選べ。

選択肢を順番に検討していきます。

① 第1段落では、日本語に関して世間一般で考えられていることと筆者の主張が対立的に述べられている。

「論理の整理」で見たように、この段落では**一般論**〈日本語は主語がはっきりしていなくてあいまいだ〉〈述語が最後にくるので言いたいことが分からない〉と**筆者の考え**〈〈一般論は的外れもはなはだしい〉〈問題とされるところに、日本語の最も論理的な部分がある〉〉が**対立**する形で述べられています。したがって、これが正解です。

② 第2段落で手紙の宛名の書き方の話を持ち出したのは、第1段落とは異なる論点に導くためである。

この段落で筆者が手紙の宛名書きの話を持ち出したのは、これが日本語の論理のプロセスと共通する点（大きなものから小さなものへと限定していく）があるからです。そのため、論点そのものは変わっていません。したがって、不正解です。

③ 第3段落は、「象は鼻が長い」を例に挙げることで日本語は主語が確定しにくい言語であると強調している。

12行目に「『象は』が主語か『鼻が』が主語か、など論じることは**やめにして**、今は、**この表現の論理展開だけ**に注目していただきたい」とあることから、日本語は主語が確定しにくい言語であるかどうかは論点となっていません。〈日本語は大きなカテゴリーから小さいものに絞りこんでいくスタイルである〉ということを述べた段落なのです。したがって、不正解です。

④ 第4段落は、第3段落までの内容の具体例をさらに挙げることで、筆者の考えに説得力をもたせている。

この段落に**具体例**を用いた説明はありません。この段落は〈日本語のスタイル（発想）は「探索的」「発見的」であることと、どうしてそうなるのか〉について述べられています。したがって、不正解です。

解答 ①

①「なぜうれしいとか、なぜ悲しいとかいう問いには、私たちは容易に答えることができる。しかし、自分の気持ちがどのような具合にうれしいのか、悲しいのかを他人にわからせることはほとんど不可能である」詩人萩原《はぎわら》朔《さく》太《た》郎《ろう》はこんな意味のことをいっている。

② これに対して、ものの長さを人に知らせることはたやすい。ものさしで正確に測ってその数値を告げるだけでよい。ものの長さは、どんな人が測っても、また時をへだてて測ってもほぼ一定した数値をとる。それだからこそ、私たちは安心して物を組み立てたり、部分品を取りかえたりすることができるのであろう。

③ しかし、「うれしさ」の度合いをちょうど体温計で熱を測るように「今の私のうれしさは八〇度である」とか、「あの人はうわべではあんなに喜んでいるが、その実、うれしさは二〇度しかない」などとは表現しない。

④ 好き嫌いや快不快など、人間のもつさまざまな感情の強さの程度を何らかの数値で表現するのは一見不可能にみえる。なぜならば、人間の感情は物体ではないから、はっきりした形態を持っていない。感情の強さの個人差は著しく、おまけに、その人のおかれている状況や時間によっても変動する。

⑤ こうした性質をもつものは他にも考えられる。意識とか意見、カンなどの直観力、態度や行動とかいったものである。

⑥ これらのものは、ものさしをあてて目盛りを読むようなわけにはいかないが、だからといってまったく測定不可能ということではない。

⑦ 私たちは、うれしさや悲しさの程度をより正確に相手に知ってもらうために、程度を示す副詞や比喩など言葉を用いている。

⑧ うれしいときには、「非常にうれしい」、「飛び上がるほどうれしい」、「涙が出るほどうれしい」などというし、人が喜ぶ様を、「手ばなしで喜ぶ」、「子供のように喜ぶ」、「欣喜雀躍《きんきじゃくやく》する」、「喜びに満ちあふれている」、「狂喜する」などとさまざまな言葉を用いて表現する。

⑨ 私たちは、これらの言葉がどのような状況で用いられているかを日常のさまざまな経験から知っている。したがって、言葉が発せられたとき、それがどれくらいの感情の強さを表しているかをおおよそ了解できるのである。

⑩ これらの程度を表す言葉は、ものさしの目盛りほど正確なものではないが、多くの人がその内容をほぼ一定のものと了解している限り、それは一種の目盛りとなる。

（柳井晴夫《やないはるお》・岩坪秀一《いわつぼしゅういち》『複雑さに挑む科学』による）

確認問題

次のA～Dに示された内容は、あとの①～④のどの説明に該当するか。最も適当なものを、それぞれ一つ選べ。同じ記号を二回以上用いてはならない。

A　人間がもっている好き嫌いや快不快には、個人によって大きな違いはみられないという性質がある。

B　自分の気持ちがどのような具合にうれしいのか、悲しいのかを他人に正確にわからせることはほとんど不可能である。

C　人間の感情などの程度は副詞や比喩を使って表現できるので、まったく伝達不可能というわけではない。
D　自身の感情や意見などを伝達する方法としては、言語以外に身振りや手振りなど多様な手法が存在する。

①　本文において筆者が最も主張したいことがらであり、論旨となる内容である。
②　本文で述べられてはいるが、筆者が強く主張したい内容ではない。
③　本文と矛盾する内容である。
④　本文では述べられていない内容である。

A	B	C	D

文章精読の最終回です。今までやってきたとおり、**筋道を正しく追うことで筆者の主張を把握**しましょう。

1 引用
「なぜうれしいとか、なぜ悲しいとかいう問いには、私たちは容易に答えることができる。しかし、自分の気持ちがどのような具合にうれしいのか、悲しいのかを他人にわからせることはほとんど不可能である」**詩人萩原朔《はぎわらさく》太郎《たろう》はこんな意味のことをいっている**。

冒頭は詩人の萩原朔太郎の言葉の**引用**です。「なぜうれしいとか、なぜ悲しいとか」という問いに答えることはできるけれども、「どのような具合にうれしいのか、悲しいのか」を他人に伝えることはできないと述べています。

では、筆者は**萩原朔太郎の言葉を引用することで何を述べようとしているのでしょうか**。この点を目標に読んで

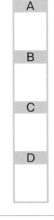

いくことにします。

着目 萩原朔太郎の言葉の引用を通して、筆者は何が言いたいのか。

②　これに対して、ものの長さを人に知らせることはたやすい。ものさしで正確に測ってその数値を告げるだけでよい。ものの長さは、どんな人が測っても、また時をへだてて測ってもほぼ一定した数値をとる。それだからこそ、私たちは安心して物を組み立てたり、部分品を取りかえたりすることができるのであろう。

③　しかし、「うれしさ」の度合いをちょうど体温計で熱を測るように**「今の私のうれしさは八〇度である」とか、「あの人はうわべではあんなに喜んでいるが、その実、うれしさは二〇度しかない」などとは表現しない**。

この部分は、先ほどの萩原朔太郎の言葉と同じ内容を述べています。ものの長さや体温はものさしや体温計を使えば正確に測ることができます（ということは、それを他人に伝えることができます）。しかし、「うれしさ」の度合いは正確に測ることができません（ということは、それを他人に伝えることはできません）。

このように、今のところ筆者は萩原朔太郎と同じことを述べています。

ところが、次の部分で話は大きく転換します。

4 好き嫌いや快不快など、人間のもつさまざまな感情の強さの程度を何らかの数値で表現するのは一見不可能にみえる。なぜならば、人間の感情は物体ではないから、はっきりした形態を持っていない。感情の強さの個人差は著しく、おまけに、その人のおかれている状況や時間によっても変動する。

5 こうした性質をもつものは他にも考えられる。意識とか意見、カンなどの直観力、態度や行動とかいったものである。

6 これらのものは、ものさしをあてて目盛りを読むようなわけにはいかないが、だからといって**まったく測定不可能ということではない**。

筆者の主張

11行目の「一見」に注目しましょう。「一見不可能にみえる」ということは〈一見すると不可能にみえるが、**実はそうではない**〉という流れへの伏線になっている可能性が高いからです。

16行目を見てみましょう。やはりこう述べています。「だからといって**まったく測定不可能ということではない**」。つまり、〈正確に測定することはできないが、測定がまったく不可能というわけではない〉――これが筆者の考えです。ということは、**筆者は萩原朔太郎と異なる考えをもっている**のです。

論理の整理

3〜1 引用 **萩原朔太郎の主張**……人間の感情がどのような具合なのかを他人に伝えることはほとんど不可能だ。

↑

4 人間の感情を数値で表現するのは一見不可能にみえる。

理由
・感情ははっきりした形態を持っていないから。
・感情の強さは個人差が著しく、状況や時間によって変動するから。

＝

5 意識や意見、カンなどの直観力、態度や行動も同様の性質をもつ。

↕

6 筆者の主張 だからといって**まったく測定不可能ということではない**。

では、なぜ筆者は〈まったく不可能ではない〉と考えているのでしょうか。次に読み取るべきことはこの点です。

着目 人間の感情の具合を測定することは不可能ではないと筆者は考えているが、それはなぜなのか。

⑦ **私たちは、うれしさや悲しさの程度をより正確に相手に知ってもらうために、程度を示す副詞や比喩など言葉を用いている。**

⑧ **具体例** うれしいときには、「非常にうれしい」、「飛び上がるほどうれしい」、「涙が出るほどうれしい」などというし、人が喜ぶ様を、「手ばなしで喜ぶ」、「子供のように喜ぶ」、「欣喜《きんき》雀躍《じゃくやく》する」、「喜びに満ちあふれている」、「狂喜する」などとさまざまな言葉を用いて表現する。

⑨ 私たちは、これらの言葉がどのような状況で用いられているかを日常のさまざまな経験から知っている。したがって、**言葉が発せられたとき、それがどれくらいの感情の強さを表しているかをおおよそ了解できる**のである。

⑩ **これらの程度を表す言葉は、ものさしの目盛りほど正確なものではないが、多くの人がその内容をほぼ一定のものと了解している限り、それは一種の目盛りとなる。**

人間の感情を測定することが不可能ではない**理由**がここに示されています。それは**程度を示す副詞や比喩などを使って表現できるから**です（例「非常にうれしい」「子供のように喜ぶ」など）。これらの手法はものさしの目盛りのような正確さをもっていません。しかし、多くの人がその内容をほぼ一定のものとして了解しているのであれば、一種の目盛りとなるのです。そのため、筆者は「不可能ではない」と考えているのです。
それでは全体を整理してみましょう。

論理の整理 文章全体

3〜1
引用
萩原朔太郎の主張……人間の感情がどのような具合なのかを他人に伝えることはほとんど不可能だ。

↓

4
人間の感情を数値で表現するのは一見不可能にみえる。
理由
・感情ははっきりした形態を持っていないから。
・感情の強さは個人差が著しく、状況や時間によって変動するから。

＝

5
意識や意見、カンなどの直観力、態度や行動も同様の性質をもつ。

⇔

6
筆者の主張
だからといって**まったく測定不可能ということではない**。

↓ 因果関係

⑩～⑦

理由 程度を示す副詞や比喩を使って表現できるから。（**例**「非常にうれしい」「子供のように喜ぶ」など）

（これらの言葉を多くの人がほぼ一定の内容として了解していれば、一種の目盛りとなる）

今回の文章はこのような流れになっています。

それでは、**確認問題**へ行きましょう。

次のA～Dに示された内容は、あとの①～④のどの説明に該当するか。最も適当なものを、それぞれ一つ選べ。同じ記号を二回以上用いてはならない。

A～Dを順番に検討していきます。

A　人間がもっている好き嫌いや快不快には、個人によって大きな違いはみられないという性質がある。

12行目で「感情の強さの**個人差は著しく**、おまけに、その人のおかれている状況や時間によっても変動する」と述べられているので、本文と矛盾します。むしろ個人差が激しいからこそ、正確に伝えることがむずかしいのです。

したがって、解答は③。

B　自分の気持ちがどのような具合にうれしいのか、悲しいのかを他人に正確にわからせることはほとんど不可能である。

これは冒頭にあった萩原朔太郎の言葉です。「論理の整理」で見たように、筆者の考えと萩原朔太郎の考えは**対立関係**にあります。ということは、これは筆者が主張したいことではありません。したがって、解答は②。

C　人間の感情などの程度は副詞や比喩を使って表現できるので、まったく伝達不可能というわけではない。

まさに筆者が主張しようとしていることです。したがって、解答は①。

D　自身の感情や意見などを伝達する方法としては、言語以外に身振りや手振りなど多様な手法が存在する。

「身振りや手振り」を用いた感情や意見の伝達はたしかに可能かもしれませんが、本文中ではいっさい述べられていません。したがって、解答は④。

解答　A ③　B ②　C ①　D ④

＊

これで第3章は終了です。ここまでやり遂げたみなさんは、文章の筋道をたどりながら読むということがどのようなことなのかが理解できたと思います。

さらに精読の練習を積みたいみなさんのために、講義動画を3レベル（各10回）用意しました。

・応用編　初級レベル…500字以内の文章を用いての精読練習　講義動画

・応用編　中級レベル…500〜1000字の文章を用いての精読練習　講義動画

・応用編　上級レベル…1000字以上の文章を用いての精読練習　講義動画

これにもぜひ挑戦してみてください。

第4章

入試問題を解いてみる

最終章は、実際の大学入試問題に挑戦します。

大学入試問題と聞くと「難しそうだ」と思うかもしれませんが、心配はいりません。この章で採用した入試問題は、筆者の主張や論理展開がきわめて明快な良質な文章で、なおかつ、設問も解答根拠がはっきりしていて解きやすいものばかりです。

取り組み方はこれまでやってきたことと何ら変わりません。身につけたことを使って、ていねいに文章の筋道をたどりながら読んでいきましょう。

今まで学習してきたことの総仕上げです。がんばってください。

次の文章を読んで、後の問い（問1～3）に答えよ。なお、問題作成上の都合により、本文の一部に手を加えてある。

1 かつては「必要は発明の母」であった。技術は物質的な欲望から出発したのは事実だが、「必要」という精神の飢えが「発明」という物質的生産へと導いたことを忘れてはならない。精神が物質をコントロールしていたのだ。しかし、現代は「発明は必要の母」となった。「発明」品を改良して新たな機能を付加することにより、人々に「必要」であったと錯覚させ、消費を加速したのである。必要と発明の関係が逆転し、物質が精神を先導するようになったと言える。物質こそが資本の根源であるからだ。でも、それでは真のイノベーションはあり得ない。精神的な欲望は時間を区切らないが、物質的欲望は短期の目標で進む。現代科学を底の浅いものにしているのは、物質的欲望を第一義としてきたためだろう。現代科学は物質的欲望に翻弄《ほんろう》されていると言えるかもしれない。

2 その端的な例は、浪費を美徳とする社会的風潮であろう。大量生産・大量消費・大量廃棄こそが現代社会を構築している基本構造であり、買い換え使い捨てが奨励されている。そして、科学や技術をそれに動員することこそが至上命令になっている。「役に立つ」ことがなければ意味がなく、「欲望を刺激する」要素がなければ開発が認められず研究費も出ないのだ。大学における経済論理の貫徹や実用化への圧力は、その方向への誘導であり、科学者も不本意であれそれに従っていかざるを得ない。物質的欲望が科学を駆動していると言えよう。

③ 浪費社会に対して、「清貧の社会」という対極的な社会の構想がある。［　　　］を第一義とする社会である。物質における満足を求めるのではなく、精神の自由な飛翔《ひしょう》を得ることこそを至上とする社会とも言える。私はそのような社会を希求しているのだが、それは不可能なのだろうか。そして、そのような科学は発展の芽を摘まれるのであろうか。

④ 確かに、科学は物質的基盤がなければ進歩しない。実験の技術開発があればこそ仮説が実証され、それを基礎にして新たな知見が得られていくからだ。あるいは、実験によって思いがけない新現象が発見され、それによって科学の世界が大きく広がったこともある。しかしながら、あくまで科学を推進しているのは好奇心や想像力、つまり創造への意欲であり、精神的欲望がその出発点なのである。それが萎《な》えてしまえば科学は立ち枯れてしまい、技術的改良のみの詰まらない内容になってしまうだろう。経済論理が強調され、実用主義が罷《まか》り通る現代は、その入り口に差し掛かっているのではないだろうか。物質的欲望に囚《とら》われない清貧な社会でこそ、真の科学は花開くと言うべきなのである。

（池内了《いけうちさとる》『科学と人間の不協和音』による）

問1 傍線部「必要と発明の関係が逆転し、物質が精神を先導するようになった」とあるが、どのようなことを言っているのか。その説明として最も適切なものを、次の中から一つ選びなさい。

① 「必要」が「発明」という物質的生産を促したことで、「必要」に精神の飢えという要素が全く失われてしまった。

② 「発明」したものを改良していくことで物質的欲望を刺激し、それが「必要」であると思わせるまでになってしまった。

③ 科学技術が発展したため「発明」は「必要」がなくても生まれるようになり、「必要」を新しく進化させてしまった。

④ 「必要」が「発明」の母と言われた頃の物質的欲望がすっかり満たされて、精神的欲望が重視されるようになった。

□

問2 □に入る言葉として最も適切なものを、次の中から一つ選びなさい。

① 実用的な満足を拒否し、技術的な改良を促進させること

② 科学的な発展を抑制し、精神的な充実を優先させること

③ 経済的な活動を抑制し、物質的な欲望を満足させること

④ 物質的な欲望を拒否し、精神的な欲望を充足させること

□

問3 本文で述べられている筆者の考えと合致するものを、次の中から一つ選びなさい。

① 科学の発展の出発点は人間が本来もっている物質的欲望にあった。
② 現代科学は物質的欲望によってさらに発展する可能性を秘めている。
③ 物質的欲望ではなく人間の精神的欲望こそが真の科学を推進する。
④ 人間の欲望が科学を誤った方向に導いてしまうことは避けられない。

（日本大学　一部抜粋）

それでは、実際の入試問題を使って本書で練習してきたことがどれだけ活用できるかを試してみましょう。

1 かつては**「必要は発明の母」**であった。技術は物質的な欲望から出発したのは事実だが、**「必要」という精神の飢えが「発明」という物質的生産へと導いた**ことを忘れてはならない。精神が物質をコントロールしていたのだ。

まず「かつては」に注目しましょう。この言葉からわかるように、この文章は過去の話から入っています。ということは、「**過去→現在**」という論理の流れは十分に考えられます。この点に注意して、続きを読んでいきます。

① しかし、**現代は「発明は必要の母」となった。「発明」品を改良して新たな機能を付加することにより、人々に「必要」であったと錯覚させ、消費を加速した**のである。必要と発明の関係が逆転し、物質が精神を先導するようになったと言える。物質こそが資本の根源であるからだ。

「しかし」以降は、やはり**現代**の話になっています。ここに明確な**対立関係**があります。かつては「必要は発明の母」だったのに、現代では「発明は必要の母」になったと筆者は述べています。**そのことを言い換えたのが傍線部**です。そして、そうなった**理由**を「物質こそが資本の根源であるから」と説明しています。

ここまでの流れを整理してみます。

論理の整理 ①

① **過去**……必要は発明の母（「必要」という精神の飢えが「発明」という物質的生産へと導いた）

⇔

現代……発明は必要の母（**「発明」品を改良して新たな機能を付加することにより、人々に「必要」であったと錯覚させ、消費を加速した**）

必要と発明の関係が逆転し、物質が精神を先導するようになったと言える。

理由 物質こそが資本の根源であるから。

それでは、**問1**を考えましょう。

問1 傍線部「必要と発明の関係が逆転し、物質が精神を先導するようになった」とあるが、どのようなことを言っているのか。その説明として最も適切なものを、次の中から一つ選びなさい。

① 「必要」が「発明」という物質的生産を促したことで、「必要」に精神の飢えという要素が全く失われてしまった。

② 「発明」したものを改良していくことで物質的欲望を刺激し、それが「必要」であると思わせるまでになってしまった。

③ 科学技術が発展したため「発明」は「必要」がなくても生まれるようになり、「必要」を新しく進化させてしまった。

④ 「必要」が「発明」の母と言われた頃の物質的欲望がすっかり満たされて、精神的欲望が重視されるようになった。

先ほど見たように傍線部は、「必要」という精神的飢えが「発明」を導くという今までの流れが現在では逆転して、**「発明」品を改良して新しくして、人々に「必要」であったと錯覚させるようになっている**ことを述べています。

このことを正しく説明している選択肢は②しかありません。

解答 ②

では、そのような逆転現象を筆者はどのように考えているのでしょうか。

この点を意識しながら続きを読んでいきましょう。

着目 逆転現象を筆者はどのように考えているのか。

[1] でも、**それでは真のイノベーションはあり得ない**。精神的な欲望は時間を区切らないが、物質的欲望は短期の目標で進む。**現代科学を底の浅いものにしているのは、物質的欲望を第一義としてきたため**だろう。**現代科学は物質的欲望に翻弄《ほんろう》されている**と言えるかもしれない。

この部分を読めばわかるように、物質的欲望ばかり追い求めることを筆者は**否定的**に考えています。これが、この文章における筆者の基本的な考えのようです。この考えにしたがって、この後の文章は展開します。

さらに、続きへ行きましょう。

> ② **その端的な例**は、具体例 浪費を美徳とする社会的風潮であろう。**大量生産・大量消費・大量廃棄こそが現代社会を構築している基本構造であり、買い換え使い捨てが奨励されている**。そして、**科学や技術をそれに動員することこそが至上命令になっている**。「役に立つ」ことがなければ意味がなく、「欲望を刺激する」要素がなければ開発が認められず研究費も出ないのだ。大学における経済論理の貫徹や実用化への圧力は、その方向への誘導であり、科学者も不本意であれそれに従っていかざるを得ない。**物質的欲望が科学を駆動している**と言えよう。

この部分は**具体例**が挙げられています。もちろん、**物質的欲望を追い求めることの具体例**です。現代社会は、大量生産・大量消費・大量廃棄という物質的欲望にまみれた社会です。そして、そのような社会を構築するために科学や技術が利用されています。つまり、科学や技術は人々の物質的欲望を満たすためのものになってしまっているのです。これはまさに「物質的欲望が科学を駆動している」と言うべき状況なのです。

では、筆者はこのことを述べることによって何を訴えたいのでしょうか。この点を意識して、さらに続きへ行きましょう。

着目　現代社会が物質的欲望を追い求める社会であることを述べることによって、筆者は何を訴えたいのか。

③ 浪費社会に対して、**「清貧の社会」という対極的な社会**の構想がある。［　　　］を第一義とする社会である。**物質における満足を求めるのではなく、精神の自由な飛翔《ひしょう》を得ることこそを至上とする社会**とも言える。**私はそのような社会を希求している**のだが、それは不可能なのだろうか。そして、そのような科学は発展の芽を摘まれるのであろうか。

ここで筆者は、現代の浪費社会に対して「**清貧の社会**」を提唱しています。この社会は〈物質的欲望を追い求める社会〉ではなく、〈**精神の自由な飛翔を得ることを至上とする社会**〉です。

この部分の流れを整理してみます。

論理の整理 ②

② **浪費社会**……物質的欲望を追い求める社会。
大量生産・大量消費・大量廃棄社会。

③ 清貧の社会……［　　］を第一義とする社会。

＝ **物質における満足を求めるのではなく、精神の自由な飛翔を得ることこそを至上とする社会。**

※筆者はこちらの社会を希求している。

それでは、問2を考えましょう。

問2 ［　　］に入る言葉として最も適切なものを、次の中から一つ選びなさい。

① 実用的な満足を拒否し、技術的な改良を促進させること

② 科学的な発展を抑制し、精神的な充実を優先させること

③ 経済的な活動を抑制し、物質的な欲望を満足させること

④ 物質的な欲望を拒否し、精神的な欲望を充足させること

もちろん、［　　］には「清貧の社会」を**言い換えた内容**が入ります。それを正しく述べているのは④しかありません。①「技術的な改良を促進させる」、③「物質的な欲望を満足させる」は明らかに方向性が間違っています。筆者は、精神の自由な飛翔を得ることが重要だと考えています。②は「科学的な発展を抑制し」としている点が誤りです。筆者は物質的欲望を抑制することを求めています。

解答 ④

それでは終盤へ行きましょう。

④ 確かに、科学は物質的基盤がなければ進歩しない。実験の技術開発があればこそ仮説が実証され、それを基礎にして新たな知見が得られていくからだ。あるいは、実験によって思いがけない新現象が発見され、それによって科学の世界が大きく広がったこともある。しかしながら、筆者の主張 **あくまで科学を推進しているのは好奇心や想像力、つまり創造への意欲であり、精神的欲望がその出発点**なのである。**それが萎《な》えてしまえば科学は立ち枯れてしまい、技術的改良のみの詰まらない内容になってしまう**だろう。経済論理が強調され、実用主義が罷《まか》り通る現代は、その入り口に差し掛かっているのではないだろうか。**物質的欲望に囚《とら》われない清貧な社会でこそ、真の科学は花開く**と言うべきなのである。

この部分の冒頭（19行目）には「確かに」とあり、21行目には「しかしながら」とあります。ここには**譲歩**の流れ（たしかにAには一理ある。しかし、私はBと考える）があります。流れを整理してみます。

論理の整理 3

④ **譲歩** 確かに、科学は物質的基盤がなければ進歩しない。あるいは、実験によって思いがけない新現象が発見され、それによって科学の世界が大きく広がったこともある。

⇔

筆者の主張 しかしながら、**科学を推進しているのは好奇心や想像力、つまり創造への意欲であり、精神的欲望がその出発点**である。それが萎えてしまえば科学は立ち枯れてしまい、技術的改良のみの詰まらない内容になってしまう。

物質的欲望に囚われない清貧な社会でこそ、真の科学は花開く。

このように、筆者は現代社会のあり方を部分的には認めつつも、やはり〈**精神的欲望こそが科学を推進する**〉と考えています。だからこそ、「**物質的欲望に囚われない清貧な社会**」の必要性を訴えているのです。

このような「**譲歩→主張**」の流れは確実におさえるようにしましょう。

それでは、**問3**を考えましょう。

問3 本文で述べられている筆者の考えと合致するものを、次の中から一つ選びなさい。

選択肢を順番に見ていきます。

① 科学の発展の出発点は人間が本来もっている物質的欲望にあった。

「科学の発展の出発点は……物質的欲望にあった」としている点が明らかに誤りです。正しくは「精神的欲望」です。

② 現代科学は物質的欲望によってさらに発展する可能性を秘めている。

この選択肢は、物質的欲望による発展を肯定的に評価している点で誤りです。

③　物質的欲望ではなく人間の精神的欲望こそが真の科学を推進する。

まさに筆者の主張を正しく述べています。したがって、これが正解です。

④　人間の欲望が科学を誤った方向に導いてしまうことは避けられない。

「誤った方向に導いてしまうことは避けられない」としている点が誤りです。誤った方向に行くことを避けるために、筆者は今こそ「清貧の社会」の必要性を訴えているのです。

解答　③

第4章 1

次の文章を読んで、後の問い（問1〜4）に答えよ。なお、問題作成上の都合により、本文の一部に手を加えてある。

1　ものを考えるのは、ものを覚えるのとは違うけれども、頭の中にいろいろごちゃごちゃ詰まっている状態が望ましくないのは共通している。

2　たとえ有用な知識であっても、頭にいっぱい詰まっていれば、そのあとおもしろいことを考える余地もない。ちょうど一面に書きこまれている黒板のようなものである。新たに何か書こうと思えば、まず、書き込める場をこしらえなくてはならない。黒板をふくのである。それが忘却である。自然に忘れるのを待っていられないときは、A忘却を促進する試みがなされなくてはならない。

3　そのたびに自棄酒《やけざけ》をのんではいられないが、アルコールがすぐれた効果をもっていることは改めて認識する必要があろう。仕事を終えたあとのお酒はおいしいというが、精神の洗濯をして、新しい仕事への意欲《いよく》をかき立ててくれる。*酒は百薬の長、である。そもそも酒が重んじられてきたのも身心をリフレッシュする働きに注目したからであろう。酔払いを奨励したのでないことはたしかである。酔うということは、われわれの内部に蓄積する望ましくないものを外へ排泄《はいせつ》することになる。ときに耐えがたい二日酔いという目には会っても、それは飲み方が悪いのであって、いい酒なら、醒《さ》めたあとはつねに爽快でなくてはならない。

4　アリストテレスはカタルシスという仮説で芸術の弁護をした。人を殺す芝居を見て、なぜ、観客が快感を覚えるのか。現実に殺人が行なわれてならないのはいうまでもないが、これが舞台上で行なわれるのを見て人間が美を感ずるのは、われわれ人間の心の中に生ずる有毒なものを演劇という下剤で浄化(カタルシス)するのだと説明した。芝居もレクリエーション、忘却の一形式と考えられる。逆に、忘却もカタルシスにきわめてよく似ている。酒の効用もまたカタルシスの効用であるとしてよかろう。

⑤ しかし、頭にたまっていることをきれいにするには、やはり歩くことがもっとも適しているようである。B<u>古来、ものを考える人が散策をし逍遥《しょうよう》をするのは偶然ではない。</u>京都の東郊、鹿ケ谷《ししがたに》には、哲学の小径《こみち》というのがある。学者たちが思索をしながら歩いた道としてはすこし足場がわるいし、このごろはひどく荒れたという人もあるが、歩きながら考えるよりも、歩くこと自体に意味がある。

⑥ なんとなくまとまらない気持、妙に心にかかること、気になることがあっては、落ち着いてものを読むことも考えることもできない。そんなときは散歩にかぎる。

⑦ 散歩という言葉はぶらりぶらりの*そぞろ歩きを連想させるが、それではカタルシスはおこりにくい。相当足早に歩く。はじめのうち頭はさっぱりしていないが、二十分、三十分と歩きつづけていると、霧がはれるように、頭をとりまいていたモヤモヤが消えていく。

⑧ それにつれて、近い記憶がうすれて、遠くのことがよみがえってくる。さらに、それもどうでもよくなって、頭は空っぽのような状態になる。散歩の極致はこの空白の心理に達することにある。心は白紙状態(タブララサ)、文字を消してある黒板のようになる。

⑨ 思考が始まるのはそれからである。自由な考えが生まれるには、じゃまがあってはいけない。まず、不要なものを頭の中から排除してかかる。散歩はそのためにもっとも適しているようだ。ぼんやりして

いるのも、ものを考えるにはなかなかよい状態ということになる。C勤勉な人にものを考えないタイプが多いのは偶然ではない。働きながら考えるのは困難である。歩くのは仕事ではない。だから、心をタブララサにする働きがある。時間を気にしながら目的地へ急ぐのでは、同じく足早に歩いても思考の準備にはならない。

ものを考えるには、ア必要がある。そのための時間がなくてはならない。

（外山滋比古《とやましげひこ》『知的創造のヒント』による。一部省略）

㊟ ＊酒は百薬の長…適量の酒はどんな良薬よりも健康に良いということ。
＊そぞろ歩き…ゆっくりと目的なく歩くこと。

問1 傍線部A「忘却を促進する試み」とあるが、その例にあてはまらないものを、①～⑤の中から二つ選びなさい。

① お酒を飲むこと。
② 芝居を観ること。
③ ぶらぶらと逍遙すること。
④ 足早に散歩すること。
⑤ 勤勉に働くこと。

問2　傍線部B「古来、ものを考える人が散策をし逍遥をするのは偶然ではない」とあるが、筆者がそのように考える理由として最も適切なものを、①～⑤の中から一つ選びなさい。

① 足早に散歩すると身心ともに健康になり身心をリフレッシュできるから。
② 思索しながら散歩すると頭にたまっていたことをきれいに整理整頓できるから。
③ 昔は哲学の小径のように思索しながら歩く道として適した道が多くあったから。
④ 思索しながら散歩すると頭のモヤモヤが消え自由な考えが生まれるから。
⑤ 足早に散歩すると頭のモヤモヤが消え記憶がうすれ心が白紙状態になるから。

問3　傍線部C「勤勉な人にものを考えないタイプが多いのは偶然ではない」とあるが、筆者がそのように考える理由として最も適切なものを、①～⑤の中から一つ選びなさい。

① 勤勉な人は頭を空にして心を白紙状態にする機会が少ないから。
② 勤勉な人は仕事や勉強以外に価値を見出すことができないから。
③ 勤勉な人は考えるより行動することを大事だと考えるから。
④ 勤勉な人は考えるより覚えることの方を重要視しているから。
⑤ 勤勉な人は歩くことさえも仕事であると考えてしまうから。

問4 文中の［ア］に入る言葉として最も適切なものを、①～⑤の中から一つ選びなさい。

① ものを覚える　② 記憶を呼びさます　③ 適当に怠ける
④ 心の空白を埋める　⑤ 目的地を選ぶ

（関東学院大　一部抜粋）

第2問目は第1問目より少し長い文章になっています。今回も文章の流れを意識しながら、読んでいきましょう。

① **ものを考える**のは、ものを覚えるのとは違うけれども、**頭の中にいろいろごちゃごちゃ詰まっている状態が望ましくない**のは共通している。

冒頭の一文を読めばわかるように、この文章は「ものを考える」ことについて述べようとしています。そして、筆者は「ものを考える」には「頭の中にいろいろごちゃごちゃ詰まっている状態が望ましくない」と述べています。
では、それはなぜなのでしょうか。続きを読んでいきましょう。

② **たとえ有用な知識であっても、頭にいっぱい詰まっていれば、そのあとおもしろいことを考える余地もない**。ちょうど**一面に書きこまれている黒板のようなもの**（たとえ（比喩））である。新たに何か書こうと思えば、まず、

書き込める場をこしらえなくてはならない。黒板をふくのである。それが**忘却**である。**自然に忘れるのを待っていられないときは、**A（筆者の主張）**忘却を促進する試みがなされなくてはならない**。

この段落の冒頭に「頭にいっぱい詰まっていれば、そのあとおもしろいことを考える余地もない」とあります。つまり、〈ものを考えるには頭の中に余裕がないといけない〉と筆者は考えているのです。そして、そのことを黒板のたとえでくり返し説明し、最後に**「忘却」の必要性**を主張しています。

論理の整理 ①

2～1

ものを考えるとき、

頭の中にいろいろ詰まっている状態は望ましくない。

たとえ（比喩）

一面に書きこまれている黒板のようなもの。

理由

おもしろいことを考える余地がない。

たとえ（比喩）

新たに何か書き込む場所がない。

↓

筆者の主張

忘却が必要である。

たとえ（比喩）

黒板をふくことが必要である。

自然に忘れるのを待っていられないときは、A忘却を促進する試みがなされなくてはならない。

では、傍線部Aの「忘却を促進する試み」とは具体的にはどのようなことを指すのでしょうか？　この点に注意して、続きを読んでいきましょう。

着目　「忘却を促進する試み」とはどのようなことなのか。

③ そのたびに自棄酒《やけざけ》をのんではいられないが、具体例 **アルコールがすぐれた効果をもっている**ことは改めて認識する必要があろう。仕事を終えたあとのお酒はおいしいというが、精神の洗濯をして、新しい仕事への意欲《いよく》をかき立ててくれる。酒は百薬の長、である。そもそも酒が重んじられてきたのも身心をリフレッシュする働きに注目したからであろう。酔払いを奨励したのでないことはたしかである。**酔うということとは、われわれの内部に蓄積する望ましくないものを外へ排泄《はいせつ》することになる**。ときに耐えがたい二日酔いという目には会っても、それは飲み方が悪いのであって、いい酒なら、醒《さ》めたあとはつねに爽快でなくてはならない。

この段落では、「忘却を促進する試み」の**具体例**として「飲酒」を挙げています。筆者は、「酔う」ということは

「われわれの内部に蓄積する望ましくないものを外へ排泄する」ことだと考えています。つまり、飲酒には心の中にある望ましくないものを忘却する効果があると考えているのです。

④ 引用 アリストテレスはカタルシスという仮説で芸術の弁護をした。人を殺す芝居を見て、なぜ、観客が快感を覚えるのか。現実に殺人が行なわれてならないのはいうまでもないが、これが舞台上で行なわれるのを見て人間が美を感ずるのは、われわれ人間の心の中に生ずる有毒なものを演劇という下剤で浄化（カタルシス）するのだと説明した。具体例 **芝居もレクリエーション、忘却の一形式と考えられる。**逆に、忘却もカタルシスにきわめてよく似ている。酒の効用もまたカタルシスの効用であるとしてよかろう。

この段落では、筆者はアリストテレスの考えを**引用**しています。アリストテレスは「われわれ人間の心の中に生ずる有毒なものを演劇という下剤で浄化（カタルシス）する」と考えています。つまり、〈**演劇には精神を浄化する効果がある**〉と述べているのです。そしてこのことを受けて、「芝居も……忘却の一形式と考えられる」と主張しています。

このように、観劇も「忘却を促進する試み」の**具体例**の一つであると筆者は考えているのです。

論理の整理 ②

2 忘却を促進する試み

＝

3〜4 具体例 ❶ 飲酒 ❷ 観劇

5 しかし、頭にたまっていることをきれいにするには、具体例 **やはり歩くことがもっとも適している**ようである。B 古来、ものを考える人が散策をし逍遥《しょうよう》をするのは偶然ではない。京都の東郊、鹿ケ谷《ししがたに》には、哲学の小径《こみち》というのがある。学者たちが思索をしながら歩いた道としてはすこし足場がわるいし、このごろはひどく荒れたという人もあるが、**歩きながら考えるよりも、歩くこと自体に意味がある。**

6 なんとなくまとまらない気持、妙に心にかかること、気になることがあっては、落ち着いてものを読むことも考えることもできない。そんなときは散歩にかぎる。

「忘却を促進する試み」の**具体例**として、次に「散歩」を挙げています。「しかし、……歩くことがもっとも適している」とあるように、これまで挙げた「飲酒」「観劇」よりも「散歩」のほうが効果的だと筆者は考えていることもわかります。

ただし、筆者は次の段落でこのように述べています。

> ⑦ **散歩という言葉はぶらりぶらりのそぞろ歩きを連想させるが、それではカタルシスはおこりにくい。**相当**足早に歩く**。はじめのうち頭はさっぱりしていないが、二十分、三十分と歩きつづけていると、霧がはれるように、頭をとりまいていたモヤモヤが消えていく。
>
> ⑧ それにつれて、近い記憶がうすれて、遠くのことがよみがえってくる。さらに、それもどうでもよくなって、**頭は空っぽのような状態になる**。**散歩の極致はこの空白の心理に達することにある**。心は白紙状態（タブララサ）、文字を消してある黒板のようになる。

この部分を読めばわかるように、〈散歩といってもぶらぶら歩くのではなく、**足早に歩くこと**が重要〉だと述べています。なぜなら、「**足早に歩く**」ことは「**頭をとりまいていたモヤモヤが消えていく**」ことにつながり、最終的には**「心は白紙状態（タブララサ）」になる**と筆者は考えているからです。

⑨ **思考が始まるのはそれからである。**自由な考えが生まれるには、じゃまがあってはいけない。まず、**不要なものを頭の中から排除してかかる。散歩はそのためにもっとも適しているようだ。ぼんやりしているのも、ものを考えるにはなかなかよい状態**ということになる。C勤勉な人にものを考えないタイプが多いのは偶然ではない。働きながら考えるのは困難である。歩くのは仕事ではない。だから、心をタブララサにする働きがある。時間を気にしながら目的地へ急ぐのでは、同じく足早に歩いても思考の準備にはならない。

⑩ ものを考えるには、［ア］必要がある。そのための時間がなくてはならない。

先ほどのところには〈**足早に歩くことで、心は白紙状態になる**〉とありました。そして、この「**白紙状態（ぼんやりしている状態）」になってこそ思考は始まる**と筆者は考えています。

ということは、「勤勉な人」は〈ぼんやりすることがあまりない人〉なので、思考するということに不向きだと言えるのです。また、いくら足早に歩いても時間を気にしながら目的地へ急ぐ（つまり、ぼんやりせず歩いている）のであれば、思考の準備にはならないとも言えるのです。

そして、ここまでの流れを受けて、最後に「ものを考えるには、［ア］必要がある」と筆者は述べたのです。

本文全体の流れを整理してみます。

論理の整理 文章全体

1 **ものを考えるとき、頭の中にいろいろ詰まっている状態は望ましくない。**

2 筆者の主張 **忘却が必要である。**

自然に忘れるのを待っていられないときは、A忘却を促進する試みがなされなくてはならない。

5〜3 具体例 ❶飲酒 ❷観劇 ❸散歩

6〜5 この中でもっとも適しているのは「散歩」である。

7 ただし、ぶらぶら歩くのではなく足早でなければならない。

足早に歩くことで、頭をとりまいていたモヤモヤが消える。(不要なものが排除される)

8 心は白紙状態になる。(ぼんやりした状態になる)

⑨ 思考することが可能になる。

⑩ ものを考えるには、［ア］必要がある。そのための時間がなくてはならない。

それでは設問を順番に考えていきましょう。

問1 傍線部A「忘却を促進する試み」とあるが、その例にあてはまらないものを、①～⑤の中から二つ選びなさい。

① お酒を飲むこと。　② 芝居を観ること。　③ ぶらぶらと逍遥すること。

④ 足早に散歩すること。　⑤ 勤勉に働くこと。

「あてはまらないもの」を選ぶ問題です。

①「お酒を飲むこと。」は一つ目の**具体例**、②「芝居を観ること。」は二つ目の**具体例**、④「足早に散歩すること。」は三つ目の**具体例**で、なおかつ筆者が最も効果的だと考えているものです。

筆者は足早に散歩することが効果的だと考えているので、③「ぶらぶらと逍遥すること。」は誤りです。また、ぼんやりすることも大切だと考えているので、⑤「勤勉に働くこと。」も誤りです。

解答 ③・⑤

問2　傍線部B「古来、ものを考える人が散策をし逍遙をするのは偶然ではない」とあるが、筆者がそのように考える理由として最も適切なものを、①～⑤の中から一つ選びなさい。

見てきたように、筆者は〈**足早に散歩する→頭のモヤモヤがなくなる→心が白紙状態（タブララサ）になる→思考ができる**〉と考えています。

② 思索しながら散歩すると頭にたまっていたことをきれいに整理整頓できるから。

④ 思索しながら散歩すると頭のモヤモヤが消え自由な考えが生まれるから。

この二つの選択肢はともに「思索しながら散歩する」としている点が明らかに筆者の考えと矛盾します。

③ 昔は哲学の小径のように思索しながら歩く道として適した道が多くあったから。

この選択肢は道の説明をしているだけで、足早に散歩することにまったく触れていません。したがって、誤りです。

① 足早に散歩すると身心ともに健康になり身心をリフレッシュできるから。
⑤ 足早に散歩すると頭のモヤモヤが消え記憶がうすれ心が白紙状態になるから。

二つの選択肢は「足早に散歩する」ことに触れている点は間違っていませんが、①「身心ともに健康になり」は本文では述べられていません。「身心をリフレッシュできる」は「飲酒」の部分（第3段落）で述べられていたことです。したがって、①は本文と合致しません。

⑤は、まさに筆者が主張したことを正確に述べています。したがって、解答は⑤。

解答 ⑤

問3 傍線部C「勤勉な人にものを考えないタイプが多いのは偶然ではない」とあるが、筆者がそのように考える理由として最も適切なものを、①〜⑤の中から一つ選びなさい。

① 勤勉な人は頭を空にして心を白紙状態にする機会が少ないから。
② 勤勉な人は仕事や勉強以外に価値を見出すことができないから。
③ 勤勉な人は考えるより行動することを大事だと考えるから。
④ 勤勉な人は考えるより覚えることの方を重要視しているから。
⑤ 勤勉な人は歩くことさえも仕事であると考えてしまうから。

傍線部Cの直前にあるとおり、筆者は、〈ものを考えるという行為にはぼんやりしている状態がよい〉と考えています。勤勉な人はそれをする機会があまりないので、ものを考えない人が多いと筆者は主張しています。このことを指摘している①が正解です。

②「仕事や勉強以外に価値を見出すことができない」、③「考えるより行動することを大事だと考える」、④「考えるより覚えることの方を重要視している」、⑤「歩くことさえも仕事であると考えてしまう」は**理由**になっていません。

解答 ①

問4 文中の［ア］に入る言葉として最も適切なものを、①～⑤の中から一つ選びなさい。

① ものを覚える　② 記憶を呼びさます　③ 適当に怠ける

④ 心の空白を埋める　⑤ 目的地を選ぶ

筆者は、ものを考えるには勤勉に働くのではなく、ぼんやりすることも大切だと考えています。ということは、③「適当に怠ける」を入れるのが最も適当です。

解答 ③

次の文章を読んで、後の問い（問1～6）に答えよ。

1 人間がこの世に生きてゆくためには、いろいろなことをしなくてはならない。自分を取り巻く環境のなかで、うまく生きてゆくためには、環境について多くのことを知り、その仕組みを知らねばならない。このために、(1)自然科学の知が大きい役割を果たす。自然科学の知を得るために、人間は自分を対象から切り離して、客体を観察し、そこに多くの知識を得た。太陽を観察して、それが灼熱《しゃくねつ》の球体であり、われわれの住んでいる地球は自転しつつ、その周りをまわっていることを知った。このような知識により、われわれは太陽の運行を説明できる。

2 このような自然科学の知は、「自分」を環境から切り離して得たものであるから、誰に対しても(ア)フ遍的に通用する点で、大きい強みをもっている。自然科学の知はどこでも通用する。しかし、ここで一旦切り離した自分を、全体のなかに入れ、自分という存在とのかかわりで考えてみるとどうなるか。なぜ、自分はこのような太陽の運行と関連する地球に住んでいるのか。自分は何のために生きているのか、などと考えはじめるとき、自然科学の知は役に立たない。それは、出発の最初から、自分を抜きにして得たものなのだから、当然のことである。太陽の動きや、はたらきは、自分と無関係に説明できる。しかし、他ならぬ自分という存在と、A太陽とは、どうかかわるか。

3 太陽と自分とのかかわりについて、(2)確たる知を持って生きている人たちについて、*ユングは彼の自伝のなかで述べている（『ユング自伝(Ⅱ)』）。ユングが旅をして*プエブロ・インディアンを訪ねて行ったときのことである。インディアンたちは、彼らの宗教的儀式や祈りによって、太陽が天空を運行するのを助けていると言うのである。「われわれは世界の屋根に住んでいる人間なのだ。われわれは太陽の息子たち。そしてわれらの宗教によって、われわれは毎日、われらの父が天空を横切る手伝いをしている。それはわれわれのためばかりでなく、全世界のためなんだ」とインディアンの一人は語った。彼らは全世界のため、太陽の息子としての勤めを果たしていると確信している。これに対して、ユングは次のように『自伝』のなかで述べている。

④「そのとき、私は一人一人のインディアンにみられる、静かなたたずまいと『気品』のようなものがなにに由来するのかが分かった。それは太陽の息子ということから生じてくる。彼の生活が宇宙論的意味を帯びているのは、彼が父なる太陽の、つまり生命全体の保護者の、日毎《ひごと》の出没を助けているからである」

⑤インディアンたちは、彼らの「(3)神話の知」を生きることによって、ユングが羨望《せんぼう》を禁じ得ない「B気品」をもって生きている。これに対して、近代人は何とせかせかと生きていることか。近代人は(4)豊かな科学の知と、極めて貧困な精神とをもって生きている。ここで、インディアンたちが彼らの神話の知を、太陽の運行にかかわる「説明」として提出するとき、われわれはその幼(イ)チさを笑いものにすることができる。しかし、Cそれを、自分をも入れこんだ世界を、どうイメージするのかという、*コスモロジーとして論じるとき、われわれは笑ってばかりは居られない。

⑥自然科学の知があまりに有効なので、近代人は誤って、コスモロジーをさえ(5)近代科学の知のみに頼ろうとする愚を犯してしまったのではなかろうか。自然科学の知をそのまま自分に「適用」してコスモ

ロジーをつくるなら、自分の(ウ)ヒ小さ、というよりは存在価値の無さに気落ちさせられるであろう。自分がいったい何をしたのか「計量可能」なものによって測定してみる。相当なことをしたと思う人でも、宇宙の広さに比べると無に等しいことを知るだろう。特に、死のことを考えると、それはますます無意味さを増してくる。

⑦ このあたりのことにうすうす気づいてくると、自分の存在価値を見出すために、安易な「神話」でもつくり出すより仕方がなくなって、「若いときには」自分はどうした、こうした、というような安価な「神話」を語って、近所迷惑なことをする。あるいは、宗教家という人たちも、コスモロジーについて語るよりは、安易な道学者になってしまう。つまり、「よいこと」を、これほど沢山している、というくらいのことを誇りとしないと、自分の存在価値を示せないのである。

⑧ 古来からある神話を、事象の「説明」であると考え、未開の時代の自然科学のように誤解したため、神話や昔話などの価値を近代人はまったく否定してしまった。確かに自然科学によって、自然をある程度支配できるようになったが、それと同じ方法で、自分と世界とのかかわりを見ようとしたため、近代人はユングも指(エ)テキするように、貧しい生き方、セカセカした生き方をせざるを得なくなったのである。

⑨ もちろん、だからと言ってわれわれはすぐに、プエブロ・インディアンのコスモロジーをそのままいただくことはできない。われわれは既に多くのことを知りすぎている。われわれとしては、自分にふさわしいコスモロジーをつくりあげるべく各人が努力するより仕方がないのである。われわれは、*エレンベルガーの表現を借りるなら、自分の無意識の神話産生機能に頼らねばならない。しかし、そのことをするための一助として、古来からある神話や昔話を「非科学的」「非合理的」ということで簡単に(オ)ハ

イ斥するのではなく、その本来の目的に沿った形で、その意義を見直してみることが必要であろう。

（河合隼雄《かわいはやお》『イメージの心理学』による）

㊟ ＊ユング…スイスの精神医学者（一八七五～一九六一）。分析心理学の創始者。
＊プエブロ・インディアン…北アメリカ南西部に居住し、定着農耕を営んできた先住民族の総称。
＊コスモロジー…宇宙論。
＊エレンベルガー…スイスの精神医学者（一九〇五年生まれ）。『無意識の発見』の著がある。

問1 傍線部(ア)～(オ)は熟語の一部であるが、これにあたる漢字を含むものを、次の各群の①～⑤のうちから、それぞれ一つずつ選べ。

(ア) フ遍的

① 事実とよくフ合している。　② それはフ朽の名作である。
③ パソコンが職場にフ及する。　④ 税金のフ担を軽くする。
⑤ 事件にフ随して問題が起こる。

(イ) 幼チ

① 生涯のチ己に出会う。　② 世界大会を誘チする。
③ 会議によくチ刻する。　④ 川にチ魚を放流する。

⑤ 厚顔無**チ**と責められた。

(ウ) **ヒ**小

① **ヒ**境への旅を企画する。
② 罪状を**ヒ**認する。
③ **ヒ**凡な才能の持ち主である。
④ **ヒ**近な例を挙げて説明する。
⑤ 安全な場所へ**ヒ**難する。

(エ) 指**テキ**

① あの二人は好**テキ**手だ。
② 汚職を**テキ**発する。
③ 快**テキ**な生活が約束される。
④ 内容を端**テキ**に説明する。
⑤ 窓ガラスに水**テキ**がつく。

(オ) **ハイ**斥

① 三回戦で**ハイ**退する。
② 核兵器の**ハイ**絶を訴える。
③ **ハイ**気ガスが空気を汚す。
④ それは**ハイ**信行為である。
⑤ 細かな**ハイ**慮に欠ける。

(ア)	(イ)	(ウ)	(エ)	(オ)

問2 波線部(1)〜(5)に用いられている「知」を、その内容によってa・b二つのグループに分けるとすると、どのように分けたらよいか。その組合せとして最も適当なものを、次の①〜⑥のうちから一つ選べ。

① a 自然科学の知、確たる知、豊かな科学の知
b 神話の知、近代科学の知

② a 自然科学の知、確たる知、近代科学の知
b 神話の知、豊かな科学の知

③ a 自然科学の知、豊かな科学の知、近代科学の知
b 確たる知、神話の知

④ a 自然科学の知、近代科学の知
b 確たる知、神話の知、豊かな科学の知

⑤ a 自然科学の知、豊かな科学の知
b 確たる知、神話の知、近代科学の知

⑥ a 自然科学の知、確たる知
b 神話の知、豊かな科学の知、近代科学の知

第4章 3

問3 傍線部A「確たる知を持って生きている」とは、どういうことか。その説明として最も適当なものを、次の①〜⑤のうちから一つ選べ。

① 固有の信仰を守ることによって、宇宙における自己の役割を果たしているということ。
② 自然科学を無視して、自らを中心とする宇宙観でしか行動しないということ。
③ 自分と自分を取りまく宇宙との関係を科学的に説明するということ。
④ 自らがなによりもこの宇宙の中心であると信じて疑わない生き方をしているということ。
⑤ 自分という存在なしには宇宙はありえないと思いこんで、自己を賛美するということ。

問4 傍線部B「気品」とあるが、その気品は、何から生まれてくるのか。その説明として最も適当なものを、次の①〜⑤のうちから一つ選べ。

① 自分たちが、宇宙全体の支えであり、その宇宙の中心であるという自負から。
② 自分たちは、宗教的生活を通じて世界に役立っているのだという確信から。
③ 自分たちが、科学で解明できないものまでもすべて説明できるという誇りから。
④ 自分たちは、宗教や儀式によって、環境と一体になっているという信仰から。
⑤ 自分たちが、宇宙全体を支配しており、その頂点に立っているという自信から。

問5 傍線部C「それを、自分をも入れこんだ世界を、どうイメージするのかという、コスモロジーとして論じるとき、われわれは笑ってばかりは居られない。」とあるが、なぜ「笑ってばかりは居られない」のか。その理由として最も適当なものを、次の①～⑤のうちから一つ選べ。

① 「自然科学の知」の科学性が希薄になり、「神話の知」の優位性を是認することになるから。

② 「自然科学の知」の非科学性が露呈し、「神話の知」の科学性が際立つことになるから。

③ 「自然科学の知」の万能性が崩壊し、「神話の知」の神秘性が新たな価値基準になるから。

④ 「自然科学の知」の限界が意識され、「神話の知」の存在意義を再確認する必要が出てくるから。

⑤ 「自然科学の知」に依存する現代社会を否定し、「神話の知」を母胎とした前近代社会を肯定することになるから。

□

問6 本文で述べられている筆者の主張に最もよく合致するものを、次の①～⑤のうちから一つ選べ。

① 自然科学の知は、人類に大きな貢献を果たしたが、その限界も見えはじめている。われわれは科学への依存を断念し、めいめいがその自然観を確立し、古代へと回帰しながら神話の知を再発見すべきである。

② 人間存在の証を求める神話の知は、自然を客体化して発達した自然科学の知によって裏付けられてきた。これからはその客観性を一層深め、それを生命の意義の解明に生かす必要がある。

第4章 3

③ 人間存在の根源は、自然科学の方法だけでは把握しきれない。われわれは、神話や昔話に込められた人間の尊厳や価値についてあらためて考察し、めいめいの世界観を創造しなければならない。

④ 近代の自然科学は、われわれに多くの恩恵と弊害をもたらした。その弊害を回避するために、古代の神話や昔話の世界にもどって、生命や宇宙の原初的な意味を探究しなければならない。

⑤ 自然科学がいかに発達しても、広大無辺な宇宙を解明しつくすことはできない。その限界を打破するのはわれわれの生の証としての神話の知であり、それを解明してわれわれははじめて永遠性を獲得することができる。

（大学入試センター試験）

まずは、漢字問題からです。

問1

(ア) 普遍的　① 符合　② 不朽　③ 普及　④ 負担　⑤ 付随

(イ) 幼稚　① 知己　② 誘致　③ 遅刻　④ 稚魚　⑤ 厚顔無恥

(ウ) 卑小　①秘境　②否認　③非凡　④卑近　⑤避難

(エ) 指摘　①好敵手　②摘発　③快適　④端的　⑤水滴

(オ) 排斥　①敗退　②廃絶　③排気　④背信　⑤配慮

以下の言葉の意味は、ぜひ覚えておきましょう。

(ア)
普遍的……すべてに共通して存在するさま。例「普遍的な真理」
① 符合……二つ以上のものがぴったり合うこと。例「事実と符合する」
② 不朽……長い年月がたっても、その価値が失われないこと。例「不朽の名作」
③ 普及……広くゆきわたること。例「スマートフォンが普及する」
⑤ 付随……おもなことがらにつき従うこと。例「付随しておこった事件」

(イ)
① 知己……自分をよく理解していてくれる友人。例「十年来の知己」
② 誘致……誘い寄せること。招き寄せること。例「工場の誘致」
⑤ 厚顔無恥……図々しく、恥を知らないようす。例「厚顔無恥な人」

(ウ)
卑小……価値がなく、とるにたりないこと。例「卑小な存在」
③ 非凡……平凡ではないこと。ずばぬけて優れていること。例「非凡な才能」
④ 卑近……手近であること。俗っぽくわかりやすいこと。例「卑近な例」

(エ)　②　摘発……隠されている悪いことを見つけ出して、公表すること。例「汚職を摘発する」
　　　④　端的……手っ取り早く急所にふれるようす。例「端的な表現」
(オ)　　　排斥……よくないものとして、押しのけ、退けること。例「排斥運動」
　　　④　背信……約束や信頼にそむくこと。裏切り。例「背信行為」

解答　(ア)　③　(イ)　④　(ウ)　④　(エ)　②　(オ)　③

最後の問題は、第2問目よりさらに長い文章になっています。

しかし、やるべきことはこれまでと何も変わりません。文章の筋道を追いつつ、読んでいきましょう。

1　人間がこの世に生きてゆくためには、いろいろなことをしなくてはならない。自分を取り巻く環境のなかで、うまく生きてゆくためには、環境について多くのことを知り、その仕組みを知らねばならない。このために、(1)**自然科学の知**が大きい役割を果たす。**自然科学の知を得るために、人間は自分を対象から切り離して、客体を観察し、そこに多くの知識を得た**。・・・・

冒頭の段落では、「自然科学の知」について述べられています。

ところで、「科学（science）」とは何でしょうか?

よく見かける言葉なのに、どういうものなのかは知らないという人も多いと思います。今回の文章は「科学」を知っていることが前提となっているので、まずは「科学」とは何かを簡単に説明しておきます。

科学……ある対象を**客観的に観察や分析する**ことによって、**普遍的な法則や真理などを導く**学問。

これが科学の大まかな説明です。このことは必ず知っておきましょう。

さらに、研究対象によって、以下の三つに分けることが一般的です。

❶ 自然科学……**自然界におけるさまざまな現象**を対象として取り扱い、研究する学問。 例 物理学・化学・生物学・天文学など。 ❷ 社会科学……**社会におけるさまざまな現象**を対象として取り扱い、研究する学問。 例 経済学・法学・政治学・社会学など。 ❸ 人文科学……**人類の創造した文化**を対象として取り扱い、研究する学問。 例 文学・言語学・歴史学・哲学など。

このこともあわせて知っておきましょう。
それでは、続きへ行きます。

1

具体例 太陽を観察して、それが灼熱《しゃくねつ》の球体であり、われわれの住んでいる地球は自転しつつ、その周りをまわっていることを知った。このような知識により、われわれは太陽の運行を説明できる。

この部分は、自然科学で得た知識の**具体例**です。このように自然科学はわれわれの日常生活とは密接に関係しているのです。
では、この自然科学の話からどのように展開するのでしょうか？　続きへ行きましょう。

着目
自然科学の話からどのように展開するのか。

② このような自然科学の知は、「自分」を環境から切り離して得たものであるから、誰に対しても(ア)フ遍的に通用する点で、大きい強みをもっている。自然科学の知はどこでも通用する。しかし、**ここで一旦切り離した自分を、全体のなかに入れ、自分という存在とのかかわりで考えてみるとどうなるか**。なぜ、自分はこのような太陽の運行と関連する地球に住んでいるのか。自分は何のために生きているのか、などと考えはじめるとき、**自然科学の知は役に立たない**。それは、出発の最初から、自分を抜きにして得たものなのだから、当然のことである。太陽の動きや、はたらきは、自分と無関係に説明できる。しかし、**他ならぬ自分という存在と、太陽とは、どうかかわるか**。

この段落で注目すべきは8行目の「しかし」のあとです。ここからは、**自然科学の知の限界**が述べられています。たしかに、自然科学の知は客観的・普遍的であるという強みをもっています。しかし、「なぜ、自分はこのような太陽の運行と関連する地球に住んでいるのか」「自分は何のために生きているのか」といった問いに答えることはできません。つまり、**自分という存在と宇宙がどのようなかかわりにあるのかを自然科学で説明することはできない**のです。

論理の整理 ◇1

1 自然科学の知を得るために、人間は自分を対象から切り離して、客体を観察し、そこに多くの知識を得た。

↓

2 自然科学の知は、誰に対しても、どこでも通用するという強みがある。

⇔

自分という存在と自然界とのかかわりは説明できない。

例 なぜ、自分は太陽の運行と関連する地球に住んでいるのか説明できない。
自分は何のために生きているのか説明できない。

このように、〈**自然科学は決して万能ではない**〉と筆者は述べているのです。

3 太陽と自分とのかかわりについて、(2)確たる知を持って生きている人たちについて、ユングは彼の自伝のなかで述べている（『ユング自伝(II)』）。

先ほど見たように、太陽と自分とのかかわりは自然科学の知では説明できません。ところが、〈それを説明できる「確たる知」を持って生きている人たちがいるとユングは自伝のなかで述べている〉というのです。つまり、筆者はユングの文章を**引用**することによって、ここからは自然科学の知とは対照的な「確たる知」の説明をしようとしているのです。

では、その「確たる知」とはどういうものでしょうか。

着目

太陽と自分とのかかわりについての「確たる知」とはどのようなものか。

③

引用

ユングが旅をしてプエブロ・インディアンを訪ねて行ったときのことである。**インディアンたちは、彼らの宗教的儀式や祈りによって、太陽が天空を運行するのを助けていると言う**のである。「われわれは世界の屋根に住んでいる人間なのだ。われわれは太陽の息子たち。そしてわれらの宗教によって、われわれは毎日、われらの父が天空を横切る手伝いをしている。それはわれわれのためばかりでなく、全世界のためなんだ」とインディアンの一人は語った。**彼らは全世界のため、太陽の息子としての勤めを果たしていると確信している**。これに対して、ユングは次のように『自伝』のなかで述べている。

4 「そのとき、私は一人一人のインディアンにみられる、静かなたたずまいと『気品』のようなものがなにに由来するのかが分かった。それは太陽の息子ということから生じてくる。彼の生活が宇宙論的意味を帯びているのは、**彼が父なる太陽の、つまり生命全体の保護者の、日毎《ひごと》の出没を助けている**からである」

5 **インディアンたちは、彼らの「(3)神話の知」を生きることによって、ユングが羨望《せんぼう》を禁じ得ない「B気品」をもって生きている。**

25

ここからわかるように、プエブロ・インディアンたちは、〈自分たちの宗教的儀式や祈りによって、太陽は運行する〉と考えています。そして、〈太陽は「父」、自分たちは「息子」である〉と信じています。このような固有の信仰をプエブロ・インディアンたちはもっています。そのため〈太陽と自分とのかかわりについての確たる知〉をもって生きていると言えるのです。

そして、インディアンたちはそのように生きているからこそ、彼らの生き方には「気品」があるのです。

論理の整理 2

4〜3 ユング自伝の引用

プエブロ・インディアンが持っている「確たる知」

・自分たちの宗教的儀式や祈りによって、太陽は運行する。
・太陽が「父」で、自分たちは「息子」である。

5 こういう「神話の知」をもって生きているので、プエブロ・インディアンたちには「気品」がある。

それでは、傍線部A・Bが出てきたので、問3・問4を考えましょう。

問3 傍線部A「確たる知を持って生きている」とは、どういうことか。その説明として最も適当なものを、次の①〜⑤のうちから一つ選べ。

「確たる知」とはインディアンたちがもっている固有の信仰（自分たちの宗教的儀式や祈りによって、太陽は運行する／太陽が「父」で、自分たちは「息子」である）を指します。インディアンたちはこの信仰を守り、自分たちの役割を果たしながら生きているのです。このことを正しく説明している選択肢が正解です。

では、順番に見ていきましょう。

①　固有の信仰を守ることによって、宇宙における自己の役割を果たしているということ。

これはまさにプエブロ・インディアンの生き方と合致します。したがって、これが正解です。

②　自然科学を無視して、自らを中心とする宇宙観でしか行動しないということ。

「自然科学を無視して」とありますが、そもそもプエブロ・インディアンが自然科学の存在を知っているのかどうかは本文から読み取ることができません。また、「自らを中心とする宇宙観」は誤りです。〈太陽が父〉〈自分たちは息子〉なので、むしろ中心は太陽です。

③　自分と自分を取りまく宇宙との関係を科学的に説明するということ。

「科学的に説明する」は誤りです。「確たる知」は固有の信仰であり、むしろ非科学的です。

④　自らがなによりもこの宇宙の中心であると信じて疑わない生き方をしているということ。

「自らがなによりもこの宇宙の中心である」は②と同様の誤りです。中心は「太陽」です。

⑤　自分という存在なしには宇宙はありえないと思いこんで、自己を賛美するということ。

「自分という存在なしには宇宙はありえない」は②・④同様の誤りです。自分たちはあくまで補助的存在だとプエブロ・インディアンたちは考えています。

解答　①

問4　傍線部B「気品」とあるが、その気品は、何から生まれてくるのか。その説明として最も適当なものを、次の①〜⑤のうちから一つ選べ。

「『神話の知』を生きることによって、……『気品』をもって生きている」からわかるように、「気品」は「神話の知」を生きることから生まれると述べられています（「によって」は**因果関係**を示します）。これを正しく説明している選択肢が正解です。

では、順番に見ていきましょう。

①　自分たちが、宇宙全体の支えであり、その宇宙の中心であるという自負から。

自分たちが「宇宙の中心」であるとしている点が誤りです。自分たちは父なる太陽の手助けをしているにすぎません。

② 自分たちは、宗教的生活を通じて世界に役立っているのだという確信から。

「宗教的生活」は「われらの宗教によって、われわれは毎日、われらの父が天空を横切る手伝いをしている」(18行目)を指し、「世界に役立っている」は「それはわれわれのためばかりでなく、全世界のためなんだ」(19行目)と合致します。まさに、「神話の知」を生きているのです。したがって、これが正解です。

③ 自分たちが、科学で解明できないものまでもすべて説明できるという誇りから。

「科学で解明できないものまでもすべて説明できる」は誤りです。プエブロ・インディアンたちがこのように考えているという記述は本文にはありません。

④ 自分たちは、宗教や儀式によって、環境と一体になっているという信仰から。

「環境と一体になっている」が誤りです。これでは〈インディアンたちは自分たちの役目を果たしていると信じている〉を説明したことにはなりません。

⑤ 自分たちが、宇宙全体を支配しており、その頂点に立っているという自信から。

「宇宙全体を支配しており、その頂点に立っている」は①と同様の誤りです。

解答 ②

それでは続きへ行きましょう。

5 これに対して、**近代人は何とせかせかと生きていることか**。近代人は(4)豊かな科学の知と、**極めて貧困な精神とをもって生きている**。ここで、インディアンたちが彼らの神話の知を、太陽の運行にかかわる「説明」として提出するとき、われわれはその幼(イ)**チ**さを笑いものにすることができる。しかし、C それを、自分をも入れこんだ世界を、どうイメージするのかという、コスモロジーとして論じるとき、われわれは笑ってばかりは居られない。

第5段落の途中に「これに対して」とあり、ここからはプエブロ・インディアンの話から近代人の話に移ります。「せかせかと生きている」「極めて貧困な精神とをもって生きている」とあることから、筆者は**近代人を否定的に見ている**ことがわかります。さらに、傍線部**C**「それを、自分をも入れこんだ世界を、どうイメージするのかという、コスモロジーとして論じるとき、われわれは笑ってばかりは居られない」と述べています。これは〈**宇宙の中に自分を入れこんだ世界をどうイメージするかという、コスモロジーとして論じるとき、われわれは笑ってばかりは居られない**〉ということを意味しています。

論理の整理 3

⑤ **プエブロ・インディアンたちは「神話の知」を生きることで、「気品」をもって生きている。**

⇕

近代人はせかせかと生きている。

近代人は豊かな科学の知と、**極めて貧困な精神とをもって生きている。**

宇宙の中に自分を入れこんだ世界をどうイメージするかという、コスモロジーとして論じるとき、笑ってばかりは居られない。

では、なぜ「笑ってばかりは居られない」のでしょうか。続きへ行きましょう。

着目

「笑ってばかりは居られない」と筆者が考える理由は何か。

⑥ 自然科学の知があまりに有効なので、近代人は誤って、コスモロジーをさえ(5)近代科学の知のみに頼ろうとする愚を犯してしまったのではなかろうか。自然科学の知をそのまま自分に「適用」してコスモロジーをつくるなら、自分の(ウ)ヒ小さ、というよりは**存在価値の無さに気落ちさせられる**であろう。自分がいったい何をしたのか「計量可能」なものによって測定してみる。**相当なことをしたと思う人でも、宇宙の広さに比べると無に等しいことを知る**だろう。特に、死のことを考えると、それはますます無意味さを増してくる。

⑦ このあたりのことにうすうす気づいてくると、**自分の存在価値を見出すために、安易な「神話」でもつくり出すより仕方がなくなって、「若いときには」自分はどうした、こうした、というような安価な「神話」を語って、近所迷惑なことをする**。あるいは、宗教家という人たちも、コスモロジーについて語るよりは、安易な道学者になってしまう。つまり、**「よいこと」を、これほど沢山している、というくらいのことを誇りとしないと、自分の存在価値を示せない**のである。

近代科学の知はとても有効なものであるに違いありません。近代科学の見地からすれば、インディアンたちのもつ神話の知は幼稚で非科学的だと笑いものにすることもできます。

しかし、それのみに頼ってコスモロジーをつくろうとすると「(自分の)**存在価値の無さ**に気落ちさせられるであろう」「相当なことをしたと思う人でも、宇宙の広さに比べると**無に等しい**ことを知るだろう」ということになってしまうと筆者は述べています。

第①・②段落で見たように、自然科学の知では自分と宇宙がどのような関係にあるのか説明できません。自然科学の知によれば、宇宙は自分の存在とは無関係に成り立っています。これは、言い換えれば、〈**自分という存在があろうとなかろうと宇宙には何の影響もない**〉ということでもあります。ということは、〈**そんな卑小な人間には存在価値などない**〉となってしまうのです。

近代人は自分の存在価値を失ってしまいました。その結果、〈自分の存在価値を示すためには、安価な神話をつくったり、「よいこと」をこれだけ沢山しているということを誇ったりするしかなくなってしまう〉と筆者は述べています。

論理の整理 4

⑥ 近代科学のみに頼ってコスモロジーをつくろうとすると、自分の卑小さ、存在価値の無さに気づく。

7 自分の存在価値を見出すために安価な「神話」をつくり出すしかない。
自分は「よいこと」を、これほど沢山している、というくらいのことを誇りとしないと、自分の存在価値を示せない。

このような近代人とは対照的に、プエブロ・インディアンたちは「神話の知」をもっているので、**自分の存在価値を認識しながら生活できている**のです。
そして、筆者は続けてこう述べます。

8 古来からある神話を、事象の「説明」であると考え、未開の時代の自然科学のように誤解したため、神話や昔話などの価値を近代人はまったく否定してしまった。確かに自然科学によって、自然をある程度支配できるようになったが、筆者の主張 **それと同じ方法で、自分と世界とのかかわりを見ようとしたため、近代人はユングも指(エ)テキするように、貧しい生き方、セカセカした生き方をせざるを得なくなった**のである。

この部分には、確かに（**譲歩**）→が（**主張**）の流れがあります。筆者は「自然科学によって、自然をある程度支配できるようになった」ことは認めています。しかし、この部分で筆者が本当に主張したかったのは「（自然科学によって）自分と世界とのかかわりを見ようとしたため、近代人は……貧しい生き方、セカセカした生き方をせざるを得なくなった」ということなのです。
この部分の流れを整理してみます。

論理の整理 5

8 近代人は、古来からの神話を「未開の時代の自然科学」だと誤解し、その価値を否定した。

譲歩
確かに自然科学によって、自然をある程度支配できるようになった。

筆者の主張
が、**自然科学によって、自分と世界とのかかわりを見ようとしたため、近代人は貧しい生き方、セカセカした生き方をせざるを得なくなった**。

このように、近代人は「神話の知」を誤解し、その価値を否定してしまいました。そして、〈自然科学ばかりに依存した結果、近代人は貧しい生き方、セカセカした生き方をするしかなくなった〉と筆者は考えています。

それでは、最終段落へ行きましょう。

9 もちろん、だからと言ってわれわれはすぐに、プエブロ・インディアンのコスモロジーをそのままいただくことはできない。われわれは既に多くのことを知りすぎている。われわれとしては、自分にふさわしいコスモロジーをつくりあげるべく各人が努力するより仕方がないのである。われわれは、エレンベルガーの表現を借りるなら、自分の無意識の神話産生機能に頼らねばならない。しかし、そのことをするための一助として、筆者の主張 **古来からある神話や昔話を「非科学的」「非合理的」ということで簡単に(オ)ハイ斥するのではなく、その本来の目的に沿った形で、その意義を見直してみることが必要**であろう。

最終段落にも、もちろん（**譲歩**）→しかし（**主張**）の流れがあります。

論理の整理 6

9 譲歩 もちろん、われわれはすぐに、プエブロ・インディアンのコスモロジーをそのままいただくことはできない。われわれは既に多くのことを知りすぎているので、自分にふさわしいコスモロジーをつくりあげるべく各人が努力するしかない。

筆者の主張

しかし、**古来からある神話や昔話を「非科学的」「非合理的」ということで簡単に(オ)ハイ斥するのではなく、その本来の目的に沿った形で、その意義を見直してみることが必要**である。

このように、すでに多くのことを知りすぎたわれわれは、ただちにプエブロ・インディアンのコスモロジーに乗り換えることはできません。そのため、各人の努力でコスモロジーをつくるしかありません。

しかしその際は、〈**古来からある神話や昔話を「非科学的」「非合理的」ということで否定するのではなく、その意義を再認識することが必要だ**〉と筆者は主張しています。これがこの文章における最終結論です。

それでは、残る **問2**・**問5**・**問6** を解いていきましょう。

問2 波線部(1)～(5)に用いられている「知」を、その内容によってa・b二つのグループに分けるとすると、どのように分けたらよいか。その組合せとして最も適当なものを、次の①～⑥のうちから一つ選べ。

波線部(1)……「自然科学の知」は、近代人が持っている知。

波線部(2)……「確たる知」は、プエブロ・インディアンが持っている知。

波線部(3)……「神話の知」は、プエブロ・インディアンが持っている知。
波線部(4)……「豊かな科学の知」は、近代人が持っている知。
波線部(5)……「近代科学の知」は、近代人が持っている知。
したがって、正しい組合せは③。

解答 ③

問5 傍線部C「それを、自分をも入れこんだ世界を、どうイメージするのかという、コスモロジーとして論じるとき、われわれは笑ってばかりは居られない。」とあるが、なぜ「笑ってばかりは居られない」のか。その理由として最も適当なものを、次の①～⑤のうちから一つ選べ。

すでに説明したように、近代人は「自然科学の知」を絶対視したため、自分の存在価値がわからなくなってしまいました。自分の存在価値を確認するためには、非科学的であると排斥した「神話の知」に頼るしかありません。だからこそ、「笑ってばかりは居られない」と筆者は述べたのです。

① 「自然科学の知」の科学性が希薄になり、「神話の知」の優位性を是認することになるから。

「『自然科学の知』の科学性が希薄になり」は誤りです。「自然科学の知」には限界があることがわかったのです。また、「『神話の知』の優位性を是認することになる」とは本文では述べられていません。本文は〈「神話の知」の意義の見直しが必要〉と述べているだけで、優劣は論じていません。

②「自然科学の知」の非科学性が露呈し、「神話の知」の科学性が際立つことになるから。

「『自然科学の知』の非科学性が露呈」は①と同様の誤りです。

また、「『神話の知』の科学性が際立つ」も誤りです。「神話の知」はあくまで非科学的な知です。

③「自然科学の知」の万能性が崩壊し、「神話の知」の神秘性が新たな価値基準になるから。

「『神話の知』の神秘性が新たな価値基準になる」は誤りです。筆者は「われわれはすぐに、プエブロ・インディアンのコスモロジーをそのままいただくことはできない」（47行目）、「そのことをするための一助として、……その意義を見直してみることが必要」（50行目）と主張していますが、「新たな価値基準になる」とは主張していません。

④「自然科学の知」の限界が意識され、「神話の知」の存在意義を再確認する必要が出てくるから。

これはまさに筆者の主張のとおりです。したがって、これが正解です。

⑤「自然科学の知」に依存する現代社会を否定し、「神話の知」を母胎とした前近代社会を肯定することになるから。

「現代社会を否定し」「前近代社会を肯定する」は誤りです。このようなことはいっさい論じられていません。

解答 ④

問6 本文で述べられている筆者の主張に最もよく合致するものを、次の①~⑤のうちから一つ選べ。

それでは、順番に検討していきます。

① 自然科学の知は、人類に大きな貢献を果したが、その限界も見えはじめている。われわれは科学への依存を断念し、めいめいがその自然観を確立し、古代へと回帰しながら神話の知を再発見すべきである。

「科学への依存を断念」「古代へと回帰しながら」は誤りです。第⑨段落で、近代人はあまりに多くのことを知りすぎているのだから、科学への依存を断念し古代へ回帰することはできないと筆者は述べています。

② 人間存在の証を求める神話の知は、自然を客体化して発達した自然科学の知によって裏付けられてきた。これからはその客観性を一層深め、それを生命の意義の解明に生かす必要がある。

「神話の知は、自然を客体化して発達した自然科学の知によって裏付けられてきた」は誤りです。「神話の知」と「自然科学の知」はむしろ**対立関係**にあります。「自然科学の知」によって「神話の知」が証拠立てられたとする記述は本文にはありません（「裏付ける」とは「物事を別の面からたしかなものとして証明する」という意味です）。また後半にも誤りがあります。筆者が求めているのは〈神話の知の客観性を深め、生命の意義を解明する〉ことではありません（そもそも神話の知は非科学的な知なので、客観性を深めることはできないはずです）。第⑨段落で見たように、〈「神話の知」の意義を見直すべきである〉と筆者は主張しています。

③　人間存在の根源は、自然科学の方法だけでは把握しきれない。われわれは、神話や昔話に込められた人間の尊厳や価値についてあらためて考察し、めいめいの世界観を創造しなければならない。

この選択肢は〈自然科学には限界がある〉〈神話の知の意義を見直すことで自分なりのコスモロジーをつくりあげるべきだ〉という筆者の主張を正しく説明しています。したがって、これが正解です。

④　近代の自然科学は、われわれに多くの恩恵と弊害をもたらした。その弊害を回避するために、古代の神話や昔話の世界にもどって、生命や宇宙の原初的な意味を探究しなければならない。

「古代の神話や昔話の世界にもどって」が、①と同様の間違いです。〈古代への回帰はできない〉と筆者は考えています。また、「生命や宇宙の原初的な意味を探究しなければならない」も本文で述べられていません。

⑤ 自然科学がいかに発達しても、広大無辺な宇宙を解明しつくすことはできない。その限界を打破するのはわれわれの生の証としての神話の知であり、それを解明してわれわれははじめて永遠性を獲得することができる。

「広大無辺な宇宙を解明しつくすことはできない」は誤りです。正しくは「人間の存在意義を解明できない」です。また、「それを解明してわれわれははじめて永遠性を獲得することができる」も本文でいっさい述べられていません。

解答 ③

＊

最後に。

ここまでやり終えた読者のみなさん、本当によくがんばりました。

それぞれの文章には必ず**筋道（論理の流れ）**があり、それをていねいにたどりながら読むことによって**文章の核心（筆者の主張）**をつかむことができるということを本書によって理解できたのではないでしょうか。

といっても、本書はまだまだ現代文学習の入り口にすぎません。これからは、もっと長い文章、もっと難度の高い文章を読んでいく必要があります。しかし、本書で習得したスキルを活用すれば必ず読めるようになります。

文章を正しく理解する能力は、社会生活を営むうえで必要不可欠です。本書だけで満足するのではなく、今後も有意義なトレーニングを積み重ねてください。